「私」の精神分析的精神療法

評価の分かれるところに

北山修 Kitayama Osamu 著

誠信書房

はじめに

私は、中央で志向が分かれるのです。真ん中にいようとすると私の漂う注意は自然に周辺に寄ると言ってもいいでしょう。では、ぶれてばかりいるかというと、振動で倒れずに、再び中央にまた向かおうとする。まるで、電車の中で居眠りしているみたいですが、それが「私」のよくある姿なのです。昔、自由連想における精神分析家の聞き方について、或る女性の分析家が編み物をしながら文字通りにロッキングチェアーで揺れていると書かれていたことを思い出します。が、本当にそれが核心だったのでしょうか。そこで、私は優雅な「揺れ」や「揺らぎ」が理想化されすぎているように思うのです。私の場合はもっと不器用な「ぶれ」だと感じるのです。

さて、臨床で意味あることとは、どこでどう伝えられるのでしょう。精神分析・精神療法は言葉であり、技法や理論であると共に、いやそれ以前に私らしい生き方であり考え方のカタであると思います。私がどのように開業し、どのように教えて、ここでどのように書いてきたかがメッセージでもあり、この方（カタ）こそが、人のもっとも意味ある表れであると思います。

とくに精神分析家として、そしてその臨床体験を踏まえて、このように活字で記すものが面接室の外で読まれるに従い、内容と共に書き方のカタこそがメッセージであり、同時に臨床実践の最中でもそのように感じるようになりました。

重症の患者さんたちは、クリニックの設えられ方や、分析家の息づかいや話し方から、そして文章の書き方からも、そのような生き方のカタを大いに見るのであり、それが重大な意味として患者さんたちに伝えられているように思います。つまり、踏まえる理論、言っている言葉の内容にもカタや形式があり、これと軌を一にする、生き方や話し方のカタこそ一貫したメッセージなのです。

確かに、私個人の経歴は特異で、その意味ある交流もまた分析室だけで出来上がってはいないのが昔からの日常です。しかしネット時代になり、多くの臨床家にとっても、これらのカタこそが発散されるメッセージとして、内側で外側で同時に伝えられるようになる状況が進行して、それが私以外の多くの人にとっても当たり前になる様子が近い未来に見えてきているようです。

そこで私のカタとは、これまで言ってきた「私」の「橋わたし」への関心を中心にして、「歩くダブルバインド」とか「双子座」とかあだ名され、自らも名乗ってきたところなのですが、この頃は「評価の分かれるところ」と言うのがぴったりだなと思うようになりました。そして「私」は、人と人の間での「わたし」のために、引き裂かれそうになりながらもそこにいなければなりません。中間的で両面的な「橋」は渡しながら、分けているのです。そして今では、それこそが多くの精神分析の先人たちが立ったところだと確信し、精神療法家の貴重な中立性の場所でもあると考えるのです。そここそが私が「私」であるところなので、今回はそのカタをこれまで以上に出すことを目的にして、本書を仕上げてみたいと思いました。

そうして眺めてみると、フロイトの姿は硬いのです。もちろんこれに倣い、不動心を目指して、動揺しないよう我慢することを強調する精神分析があってもいいでしょうし、二つに割れず一つであることもまた重要であるように思います。これに対し、私は両極をわたしながら、時間が経ってもそこで拍動しぶれています。というのは、一つであることは、分裂や、ころころ変わることという不連続や断絶を引き起こしやすいでしょう。困難や退屈も含めて、私は評価の分かれるところで、ああだこうだと言われながらもぶれているなら、そこで「私」が生まれて、長続き、長持ちするのです。そこで「私」が「いるところ」を示すなら、そこで時間をかけて生きることの意義と共に、自分の人生の優雅でも華麗でもない不器用な連続性が自ずから提示されると思います。

揺れ（ユレ）の危険なのは、「あれかこれか」のどちらかに比重がかかり「ヨル（寄る）」からですが、様々な意味で中間的で両面的な精神分析的精神療法では中央に戻りながら「あれもこれも」と多重視するという在り方についても書かねばならないでしょう。それには弁証法的な上昇はなく、総じてそこに「いるだけ」であり、下降もありえます。この「ぶれ」に対して割り切られた硬い態度と無機的な言葉に囲まれる中で、私の実体験に基づき、深部にある「気持ちの悪いこと」「いやらしいこと」や「えぐいこと」を扱う、動揺する日常語の「まがまがしい」意味のことも書かねばなりません。

もちろん、AがBになるためには「A＋B」という中間や二重性が許容されねばならない、というこれまでの主張が繰り返されます。しかし今回は、その裏づけとして私の二重視や身体化という特徴が提示されますから、「心身を連動させて語る」という意味でも内容と書き方が新しいのです。もし私個人のことを知ってから一般論に入りたい場合は、第10章からお読みいただいた方がよろしいかと思います。また最初は、これまでの議論を前提にして書き出していますので、もしも馴染みがないようなら第8章をお読み下さい。足りない場合は拙著『錯覚と脱錯覚』が参考になるでしょう。

というわけで本書は、既刊の私の書物を読まれてない人にも読めるように工夫され、またそれらを踏まえた、私自身の精神分析的な探求に関する簡単な総括になっているのです。もちろん、それはフロイトのアンビヴァレンスを引き受け、クラインの妄想分裂ポジションを理解し、特にウィニコットの逆説的な中間領域と可能性空間というアイデアに大きな影響を受けていますので、理論面でもそういう歴史的理解は不可欠と言えるでしょう。またビオンの「複眼の視点」と私の二重視という考えは一見似ていると思うのですが、読まれたらわかるように、まったく別のオリジンを持っているように思います。

私にとって、精神分析を日本語を生かして語ることは、自分の中の見にくい「異類」を自分のものとして語ることができるというメリットをもたらしてくれます。卑近な言葉による「日本語臨床」という精神には、自分のことを他人事のように扱えない、自分に食い込む力があり、私の「先生」は正しくこの日本語なのです。

目　次

はじめに　*i*

I　間を生きる

第1章　フロイトの「私」——科学と芸術の間で　*3*

1　はじめに——これを取り上げる理由　*3*　2　書き方に内容が劇化される　*6*

3　エッセィの内容紹介　*8*　4　幾つかの解説　*12*

5　フロイトの反復——絶え間ない二重化と混交　*16*　6　フロイトの「分身嫌い」　*19*

7　追いかける弟　*22*　8　書くことによる自己解釈として　*26*

9　さいごに　*29*

第2章　「あやしいこと」——投影を引き受ける　*30*

1　はじめに　*30*　2　「ユダヤ人」への投影を解釈する　*34*

3　「裏切り」という幻滅契機　*37*　4　幻想を引き受け幻滅させる　*40*

目次

5 「あやしさ」の意義 44
6 さいごに 47

第3章 二重性という在り方、つまり矛盾でぶれる 50
1 問題の在り処 50
2 言語化における意見の分かれるところ 51
3 二重化という抵抗 58
4 治療者論として「引き裂かれないこと」 64
5 さいごに 69

Ⅱ 臨床に沈む

第4章 非対面法のすすめ――「見にくさ」という問題 75
1 はじめに 75
2 見えないものを見る 76
3 治療記録の中の「私」 79
4 治療記録の「私的なフロイト」 83
5 公私の重複領域 86
6 想像にまかせる治療 89
7 さいごに――百聞は一見にしかず? 93

第5章 症例報告――対象の表と裏、そして普通でいること 96
1 はじめに 96
2 症例――最初の八か月の相談 99

3　治療経過——幻滅と裏切り　103　　4　考　察　127

第6章　症例の未来から学ぶ——精神分析的精神療法　130
1　はじめに　130　　2　闇の世界を見る　131
3　心は、そして未来は見にくい　135　　4　症例の未来から学ぶ　136
5　結　論　146　　6　さいごに　148

第7章　評価の分かれるところに——症例報告集と研修症例コメント　149
1　裏表という奥行き　149　　2　症例報告集から　151
3　分析的治療の方針——「ここだけの話」　154
4　評価の分かれるところに身を置くこと——三例の研修症例へのコメント　158

Ⅲ　二分法をわたしながら

第8章　「見にくい」は「美しい」　175
1　心の台本　175　　2　エディプスの三角関係　176
3　『帰ってきたヨッパライ』　178　　4　母子像の構図　180

5　臨床問題――二重性と「裏切り」　186　　6　まとめ　195

第9章　自然と「ゆ」　197

1　はじめに　197　　2　自然に生きることの無理　198
3　普通に生きることも難しい　200　　4　「ゆ」の過渡的実在　207
5　管理された「美しい自然」と「ナチュラル・セルフ」　216
6　「ゆ」から遠ざけられて　220　　7　さいごに　224

第10章　目を瞑る――「私」の兎角亀毛　226

1　はじめに　226　　2　兎と亀　226
3　疾病利得という秘密　231　　4　兎と亀の交替と混乱、そして二重視　236
5　読むべきほどのものは見つ　240　　6　さいごに　245

あとがき　247　　文　献　249　　初出一覧　257
人名索引／事項索引

I

間を生きる

第1章　フロイトの「私」——科学と芸術の間で

私が寝台車の車室にただ一人座っていた時のこと、列車の走行が激しくつっかえた際に、隣接するトイレに通じる扉が開き、ナイトガウンを着た年配の男が旅行帽を頭にのせたまま私の車両に入ってきた。この男は、二つの車室の間にある小部屋を離れる際に方向を誤り、間違って私の車室に入ってきたのだ、と私は思った。それで彼に説明してやろうと跳び起きたのだが、しかし、この侵入者が連結部の扉についている鏡に映し出された私自身の像に他ならないことに気づき唖然とした。そこに現れた姿が自分にはまるで気に入らなかったことを、私は今なお覚えている。（フロイト「不気味なもの」藤野寛訳）

1　はじめに——これを取り上げる理由

フロイトの書いたものの多くが科学論文ではなく、上質のエッセイ、あるいは科学小説なのだと言う人がいますが、それは精神分析の多くの書き手にとって、抵抗を感じる見解なのです。とくに日本人読者は、このエッセィなるものを、思いつきを書き連ねた随筆と同等視するので、その高い精神性と臨床的な意義深さに気がつかないのも仕方のないことでしょう。だから、敢えて言うなら、そこには自由な実験、あるいは遊びに満ちた冒険があり、文学的でさえあり、それは時に芸術の域にまで達するものなのです。

確かに、フロイト自身は精神分析を科学だと主張しました。しかし、それは人間の普遍的な真実を扱うのだという強い意図や意思があるからで、また将来それが確固とした形で証明されるようにという希望があったからでもありましょう。また、フロイト自身は後から言いますように、芸術をライバル視して、時には嫉妬もしていたのですから。

フロイトの「私＝自我」は、この芸術か科学かの心理学的葛藤を自己から切り離さず、私的に自分のこととして生きたのであり、それがゆえにその文章が科学を志向しながらも芸術的になっていった、と私は理解するのです。ここで私は、普通は「自我」と言われている「私的な人生の主人公」を「私」と呼びたいと思うのです。本来“das Ich”であったものが「エゴ」や「自我」と不快な濁音と共に訳されると、訳語が私のことを言ってない感じがするので、私ははっきり言ってその違和感を避けたいのです。

つまり、そういうフロイトが科学と芸術の間をわたしながら生きた主体性を言うには、日本語でプライベートな主体感覚を伝える「私（わたし）」が相応しいと感じるのです。その、彼が自分の

「私であること」を出しながら執筆を行っていたことを言うために、彼のエッセィ『不気味なもの』(1919) を取り上げようとしているのですが、それに惹きつけられながらも、当初はこれを積極的に取り上げる確固たる理由が見当たらないというのが正直なところでした。最初は機知論文における言葉の議論を取り上げようかと考えていたのですが、よく考えるなら、それについては前に書いたことがあることを思い出し、同時に、「無気味なもの」には言葉に関する議論が冒頭にあるので、それで機知論文からの乗り換えを思いついたわけです。

と同時に、私はフロイト自身の旅行不安について考えていました。彼がそれを「死んだ弟」に対する罪悪感が原因であると考えており、その原点が故郷を出発する際の汽車旅行にあると私は連想し、この「不気味なもの」というエッセィにも夜行列車の体験が記されているのが目にとまったのです。それで私は、おやおやこれはこれはと深く惹かれていきました。そしてとうとう最後には、反復強迫を論じるフロイト自身の反復強迫を論じることができそうなので、強い興味がふつふつと沸き上がり、これにのめり込んでいったのです。いったい、フロイトはあの夜汽車の中で何をそこに見たのでしょうか。こうしてそのフロイトの感じる無気味さを考えるのが、私にとって実に興味のあるテーマとなったのです。

そうして今や、何度か読み返してみて、見かけとは反対に、このエッセィは精神分析の本質を上演していると考えるようになったのです。精神分析が精神分析を行いながら記されるので、フロイトはフロイトの分身に出会い続けるという形で、自分が自分に出会うという鏡像現象がここに起きています。臨床家が実践で、患者の心の中で自分に出会うことがよくあるのと同じですが、それが上手に書かれているのです。つまりフロイト自身が、自分の分身に鏡の中で出会って無気味に感じ、またそこにおける動揺について書いているのです。まずはこのように、私なりに論文の価値を位置づけて、その無気味な内容を紹介し、その無気味さをさらに議論して参りましょう。

2　書き方に内容が劇化される

冒頭で紹介しておきたいことなのですが、ストレイチーの『フロイト全著作解説』(北山監訳・編集)に、この論文に関する執筆事情が記載されています。これによれば、この論考はフロイトが古い論文を引き出しから引っ張り出して書き直したものだというのです。それが最初いつ頃書かれたもので、どれくらい書き直されたものかは不明ですが、アイデアは一九一三年頃にはあったものと推測されています。そして、論文の書き方そのものに、対象への親しげな接近と不安を伴う忌避、そして舞い戻りが繰り返されます。あたかも、引き出しから出したり、また引っ込めたりを、繰り返すかのように。

それでここに、形式と内容の関係について大事なことを述べておきたいのです。それは、芸術的な書き手とは、私の考えでは、言っていることがやっていることになる、という「観念の模倣」とフロイトが「機知」論文(1905)で名付けた現象で特徴づけられることです。「観念の模倣」とは、心的内容と表現形式の一致であり、著者が強迫的内容について書くと書き方まで強迫的になり、遊びについて書くと言葉が遊び始めるというのが、内容と形式の架橋の例です。フロイト自身も予言していることですが、この概念を追究することは美学の諸領域において有効だと考えられており、遊ぶことを生かす治療においても解釈内容と解釈形式の一致、あるいは相互乗り入れという形で「私」の「わたしていること」を観察できるのです。

フロイト研究者のＰ・マホーニィの指摘においても、フロイト自身の書き方にその傾向が顕著であり、その中でも、このフロイトのエッセィ「不気味なもの」では書き方が実に不気味なのです。つまり、この「不気味なもの」における不気味なものを取り扱う著者の考えの内容が、その書き方にそのまま出てくると言うのです。そこで、お化けについて語ると、書いたものがお化けになり、書き手もまたお化けになるという、ミイラ取りがミイラになるという現象が起きます。その繰り返しに、何かぞくぞくしてくるものがあり、これをフロイトが上演していることこそが、「観念の模倣」の実例です。読書の今・ここで「不気味なもの」が上演され、不気味なものを論じるテキストが実に不気味になっていくのです。

このような事実を最初に記述したのは、このエッセィについて最上の注釈を仕上げたと言われるフランスの批評家で作家のエレーヌ・シクスーでしょう。総じてフロイトのテキストは「奇妙な理論小説だ」と述べており、その極めて文学的な論評の内容は、マホーニィは自分の意見を交えて次のようにまとめています。ここに私たちが訳したものから引用しましょう。

不確実さを伴う上演ないし再上演であるテキストは、それ自身のメタファーとして進行しており、すなわち不気味なものは、対象、本質、そしてテキストの方法論まで含んでいるのである。その上、不気味なものとは、その反対物、すなわち馴染みのあるものが存在することをあらかじめ示すものであり、実に、二重現象がそのエッセイを支配しているのである。主役であるフロイトもまた、その二重性の一部である。すなわち、科学的な書き手たる彼は、自身のなかにフィクションの書き手を見ており、したがって、彼がほのめかしている書き手たちのなかのひとりであるホフマンはその分身となる。

3　エッセイの内容紹介

さて、このもう一人の書き手である、作家のE・T・A・ホフマンという、エッセイ内部のフロイトの分身が紹介されたところで、それではここに内容を要約することにしましょう。彼はこの文章によって「不安なもの」の中から「不気味なもの」を区別し、その発生論を展開し、この特殊な体験を生み出す基盤を明らかにして、精神病の精神病理や幻想文学の効果などを理解する上で重要な着想を残したと言えるのです。

フロイトはこのエッセイを三つのパートに分けて論述を行っています。まずそのパート1では、論文のはじめの方で、著者は早々と結論を書いています。それは「不気味なものとは結局、古くから知られていますものや昔からなじんでいるものに還元されるところの、ある種の恐ろしいもの」とされます。

その根拠の一つは国語発想論的なものです。冒頭の長々とした辞書からの引用は、その提示の説得力のためのものであり、読者はここでくじけないよう読み続けねばならないのです。ドイツ語で不気味の意味である“unheimlich”は親しみのあるという意味の“heimlich”の否定のはずですが、興味深いことに辞書においてすらこの両者が重複するニュアンスを示すのです。つまり、馴染みのものが不気味なものとなるのです。彼は、親しいもの、気持ちのいいもの das Heimliche が、実は気味の悪いもの、秘密のもの das Unheimliche になることを発見するわけです。

続くパート2では、フロイトは、この問題の実例として、ホフマンの小説『砂男』を取り上げ、これまた中身をけっこう長く紹介しています。砂男とは、夜眠れぬ子供の目の中に砂をかける妖怪であり、砂をかけられると眼球は飛び出し、砂男のものになるというのです。これは、母親が主人公のナタニエルを子供の頃ベッドに追いやるために話したことであります。幼いナタニエルは、自分の父と一緒に怪しいことをしていたコッペリウスこそ「砂男」だと信じ、その影に怯えて暮らしていました。ある時、仕事部屋の爆発で父親は死に、その男は姿を消します。成長した彼は、コッペリウスによく似た晴雨計売りの男コッポラに出会います。そして彼から買った望遠鏡をのぞいた途端、向かいに住むスパランツァーニ教授の美しい娘オリンピアに心を奪われるのです。しかし、彼女は機械仕掛けの人形で、コッポラが両目を埋め込んだものでした。

次に、ナタニエルが教授の家にやってくると、乱闘の末に教授は血まみれで倒れ、コッポラは人形を抱えて逃げていきました。教授がナタニエルにオリンピアの眼球を投げつけながら、それはコッポラがナタニエルから盗んだものだと言います。そしてナタニエルは発狂し、教授を殺そうとして精神病院に担ぎ込まれるのです。その後、正気を取り戻したナタニエルでしたが、市庁舎の塔の上で望遠鏡を覗いて、彼の婚約者クララと共に弁護士コッペリウスを見た途端、彼は再び発狂し、塔から身を投げ、顔面を潰して死ぬのです。

フロイトは精神分析の経験から、また神話のエディプスが物語の最後に目を突いて盲目になることからも、眼球を失うのは去勢の罰であると解説します。また、オリンピアや婚約者との関係を脅かし、彼の眼球を奪い取ろうとする砂男、コッポラ、コッペリウスたちは父親の分身であると。ゆえに、この物語の不気味さは父親による子供の去勢コンプレックスによるものだという可能性が提示されるのです。

次いで、フロイトは、ドッペルゲンゲル、即ち二重身の不気味さを論じ、自我の二重化、自我の分割、同じものの反復や回帰というテーマを取り上げます。これにはオットー・ランクの『ドッペルゲンゲル』(1914) という先行研究があり、ランクによればそれらは「死の力を断固否認すること」です。それは、自我の境界が外界や他なるものからまだはっきり確立していなかった時期への退行であり、フロイト自身も自らイタリアの紅灯街に迷い込み、同じところに何度も舞い戻る体験を紹介しています。意味があり、偶然だとすまされないような不気味な反復が迷信を生み出すのです。

それと、欲動の蠢きから出てくる「反復強迫」という現象も、子供の行動や神経症者の治療において観察され、同じものの反復であり不気味なものです。また、或る強迫神経症者が「思考の万能」と名付けた原理に基づく、迷信、魔法、呪術も不気味であり、それはアニミズム的な世界観への退行によるものです。迷信の中には、自分の妬みを投影して妬まれる眼差しの不安を作り出すものがあります。このように、不気味なものとは抑圧されたものの回帰であり、心の生活においては古くから馴染みのものなのです。死を強く否定するなら、死者や幽霊が回帰するのもそうなのです。実例の締めくくりに、患者が女性性器を不気味なものとして体験する例を挙げていますが、それは誰にとっても、馴染みのものなのです。

パート3では、抑圧されたものの回帰がすべて不気味なものとなるとは限らないことが取りあげられます。そこで、「不気味なもの」がその発生条件の点から二つのタイプに分けられます。不気味さの第一のグループは「抑圧されたものの回帰」と呼べる、想像や読書の中で、もっぱら心的現実だけが問題となるものだとするのです。第二のタイプは、それが、ありふれた日常で起きるので、外的現実が心的現実に圧倒されてしまい、幼児期に克服されたはずのアニミズム的な確信を再現させて、自分の願望が即座に満たされ、死者は生き返り、人形は人間化するのです。これらの万能、原始的なアニミズム、呪術の優勢な世界とは、過去の万能と乳幼児期の無制限の自己愛に満ちたものだが、そこで不気味と思うものとは、このすでに克服されたはずの原始的な心理活動の残滓を賦活する出来事なのです。

虚構の国や詩的現実では、多くのことが無気味とはならないのですが、実人生で起きそうな不気味なことは創作の中でも不気味です。こうして最後の方で、フロイトは「逆説的に響く」ことを知りながら、強調して次のように結論するのです。

「もし実人生の中で実際に起こったとすれば不気味であろう多くのことが、創作の中では不気味にならない。そして、人生には存在しない不気味な効果をあげる多くの可能性が、創作の中には存在する」。

4　幾つかの解説

国語発想論的解釈

以上の要約のうちパート1に挙げた国語発想論とは、国語の多義性や語源を根拠にして、複数の意味が同源であることなどを論じようとするもので、それが特に国語を共有する者に対して行われると説得力は増すのです。というのは、その多義的な意味の同源性を共有する者に対して手元の証拠を簡単に提示できるからであり、我が国の「甘え」論でも生かされています。つまり、「甘え」とは心理的な依存心・依頼心と同時に、味覚という生物的・身体的体験を同時に意味するという多義性を有しています。ただし、この二つの体験は決して明瞭に分かれるものではないからこそ一語で表現されるのであり、その国語的事実を証拠にして、分析家としてこの語を共有する人に対し、この二つの体験が一つであった歴史的過去、あるいは幼児期に結びつけて解釈できるのです。同様に、「無気味なもの」が「親しいもの」であった時代について、この著者は読者に向け解釈しているわけです。

この方法は、一般読者の前で精神分析理論を講義する際に多用されていますが、臨床でも役に立つ方法です。狂人を「おかしい人」と呼ぶ時の「変な」という否定的な意味の「おかしさ」が、実は「いとおかしげなる女」と言われた時代の本能的で生理的な感動を背景に持っていることを、言葉の意味の変遷とその「ぶれ」を踏まえて解釈できるのです。

女性コンプレックスと投影同一化

男性における去勢コンプレックスは解決されると言うフロイトが、エッセイの内容紹介で示したように、エッセイの途中で女性の不気味さを語り、それが母親であることを認めていることも興味深いところです。小此木啓吾は、ここに記述される二重人格などの精神病理現象を、分裂・否認・投影などの原始的な防衛機制を論じる病理学として捉え直し、メラニー・クラインの投影同一化 projective identification 理論への架橋を試みています。また、精神病的体験と不気味なものとの結びつきに注目するなら、フロイトの取り上げた問題は精神病の発病初期には臨床現象として頻繁に観察されることがわかるのです（これに関しては諏訪の展望がある）。こうして、冒頭の引用において寝台車のフロイトが恐れる無気味な分身とは、彼の内部にあって否認され投影された自分であり、彼の精神病的体験と言えるのです。そしてここに、フロイトにおける、あるいは古典的精神分析理論における、投影同一化の議論の出発点を発見できるのです。

科学者であり詩人であり

実は、この論考全体の構成は、フィクションとしての文学とノンフィクションとしての精神分析が出会って入り混じっているのです。結果的に虚実の混交が独特の効果を上げており、最初に述べたシクスーのように文学者はこれらを小説と呼び、科学者たちは論文と呼ぶという、両面的に二股をかけるエッセィを成立させています。フロイトは心の問題を語る時、現実と空想、内と外という二分法で割り切ろうとするのが定石でした。しかし、ここではそれが重複してしまい、両極の間にある中間的な重複領域に身を置いて苦しみながら（おそらく無意識的には楽しみながら）取り扱っており、彼の「私」が二股をかけるところが描出され、科学者フロイトにおいては極めて珍しいと言えるかもしれないのです。

このような場所、つまり「詩的現実」はむしろ詩人や宗教者の領域なのであり、そこで遊ばないという彼は、自覚的にはここで楽しんでなどいないのでしょう。むしろ、『夢判断』で言われる「舞い戻ってくる蝿」を振り払うように、不快な無気味なものは舞い戻っては振り払われるようです。

うるさい蠅が、追い払っても追い払っても舞い戻り続けるのと同じように、その夢が永久に反復し続けることはないというのは不思議ではないか。（四七四頁）

ここで言われる舞い戻る悪夢の蠅を追い払うことができるのは、覚醒なのですが、フロイトはなかなか覚醒できないのです。

反復強迫

このエッセィで本格的に記載された反復強迫とは、避けたいことであるのに舞い戻ってしまう傾向です。つまりは、「舞い戻る蠅」なのです。転移もまた反復強迫であり、一般に運命とか業とか性（さが）とか言うものを指すことになるでしょう。もちろん外傷的な体験を、苦痛に満ちた体験であるにもかかわらず繰り返してしまうのには多様な心理が含まれているでしょう。

この現象は、フロイトにおいては一九一四年の「操作・反復・徹底操作」で取り上げられ、一九二〇年の「快楽原則の彼岸」では、不快なものであるのに繰り返すのは、「死の本能」のためであると考えられました。また対象関係理論や劇的観点から見て、魂の柔らかい時に植え込まれた対象関係の台本を人は相手役を代えながら繰り返すので、「三つ子の魂、百まで」「すずめ百まで踊りを忘れず」なのだと言えましょう。

5　フロイトの反復――絶え間ない二重化と混交

こうして著者フロイトは、このエッセイの最初から、不気味なものが馴染みのものだったと宣言し、そしてそれがまた実は馴染みのものであったという結論に向かいながら、またこの対象を遠ざけたり、近くに置いたりを繰り返しています。対象が馴染みになったり遠く離れたりしていて、それこそが彼自身の対象関係の私的な反復が「心の台本」として開示されるのです。

こうして内容は形式となり、議論されている無気味なものとは、この著者自身の反復の不気味さでもあります。だからその無気味さを、著者だけではなく、読者もまたエッセイの中で体験することになるのです。長い辞書の引用、そして『砂男』の再び長い紹介へと続き、そして繰り返しはイタリアのある小さな町での回帰現象でも例証されるわけです。次のように、科学者として快楽とは縁を切ろうとしながら、彼の分身である快楽主義者「フロイト」はその紅灯街に三度も回帰し、現実主義者フロイトは無気味に感じるのです。

私はとある一角に踏み込んだが、そこがどういう性質の場所であるかは、一見してすぐにわかった。小さな家家の窓に見受けられるのは、化粧した女ばかりだったので、私は急ぎ足に、すぐ次の曲り角をまがってその狭い通りを立ち去った。ところが、しばらくのあいだ、道を知らずに歩いていると、突然またしても自分がさっきと同じ通りにいることに気づいた。

彼は私的にどこへ回帰しようとしているのでしょうか。今やそれが、女性、母親、女性性器、子宮であることが自明になりつつあり、彼自身はそれを遠ざけながらも、その界隈に、そしてその話題に回帰するのです。母親、それこそが彼自身の反復強迫の向かうところとして挙げられるのでしょうが、論文のフロイトは、女性の不気味さが自分のものではなく、別の神経症者のものとしてよそよそしく報告するのです。

したがって不気味なものとはこの場合においてもまた、親しかったもの、昔なじみだったものである。しかしこの言葉（unheimlich）の前綴 un は抑圧の刻印である。

これがエッセイのパート2の終わりのコメントですが、私はこの結論で終わっても良かったのだろうと思います。ところがフロイトは、最後のパート3で、科学のライバルである文学の不気味さに取り組むのです。そこで考える彼は不気味な二重身 Doppelgänger の現象を語りながら、考えは文学と現実の間で常に二重化して行きます。その典型的な例として、二種類の不気味なものの議論の二重性を挙げることができますが、それがまた議論を難解にしているのです。

私なりに解説してみましょう。まず、フロイトはその進むべきところを示す暗示をこういう書き方で示しています。

実例のほとんどすべては、物語、文学の領域からとってこられたものである。この事実は、実際に経験する不気味なものと、たんに思い浮かべるだけの、あるいは読むだけの不気味なものとを区別せよとわれわれに暗示しているのではあるまいか。

それで区別してみるなら、まず、現実生活の不気味なものというタイプは、現実検討の不本意な停止を伴うタイプです。そのサブタイプとして、抑圧されたコンプレックスのように読書や想像で体験する不気味さという心的現実の問題があります。もう一つのサブタイプは物質的現実の問題で、克服されたもの（思考の万能や死者）の回帰のように現実検討が揺さぶられるのです。

しかし再びこの二分法は問題を呼びます。つまり、この二種類の無気味はいつも判然と区別されるものではないという「内心の声に耳を塞いではならない」と彼は書くのです。それゆえ話は終らず、他方の虚構的な文学の不気味さは、現実検討の意図的な停止を伴い、抑圧されたものと克服されたものとの区別は、よほど修正を加えない限り、文学の不気味さの上に移すことはできないと言うのです。再びそこには二つのサブタイプが登場します。例えば、おとぎ話のように乗り越えられたアニミズムはもはや不気味な効果はないが、現実の中で動くと無気味となり、もう一つは抑圧されたコンプレックスによるものがあると言うのです。それで文学は自由だ。つまり、実生活の不気味さも文学では不気味ではないし、文学の不気味さは実生活では存在しないような効果を生むことがあるのです。

つまり、フロイトは対象を、心の科学の対象となる実生活の領域と、文学の領域に分けて考えながら、それぞれにまた文学的なものと実際的なものとが入り混じってきて、これをまた二つに分けようとしながら適わず、苦戦しているのです。これは意識的には科学者として確実なことを言い切ろうとしながら、彼の分身である観察者フロイトが文学的曖昧さに深入りしています。それで、二つに二股をかけて不確実さと確実さのバランスをとって統合しかけながら、またこれを分けようとするという、科学と文学の間に絶え間ない分割と重複の運動が起こってしまい、結果的に「理論的小説」が出来上がるのです。つまり、精神分析と文学が、二分されながら切り離され、手を組み、競争し、入り混じる。これが、フロイトにおける二重身現象による反復強迫なのです。要約で示した、パート3におけるフロイト自身の結論もまた、ノンフィクションを扱う科学者と、フィクションを扱う文学者という二人の対決劇の三幕目のエンディングなのです。まだまだ、これは続きそうな予感のする幕切れです。

6　フロイトの「分身嫌い」

ここで、遠ざけようとしても実に悩ましく舞い戻ってくる、彼の分身である文学者とは、いったい誰なのでしょう。そして、この競争関係の起源はどこにあるのでしょう？

私の書いた『劇的な精神分析入門』で説明したように、彼はもとより、芸術家や文学者たちとライバル関係にあるのです。青年期の頃は、恋人マルタの心を争うライバルが芸術家であり、それで彼は苦しみました。そして作家トーマス・マンが言うように、文学と科学は人の心の真実に対して接近する二つの異なる方法なのです。

ここで、具体的に言うならば、医者出身で劇作家のシュニッツラーこそ、フロイト自身が自らの分身 Doppelgänger だと考えた人物で、その手紙には正にフロイトの分身へのライバル意識が記されています。その例として掲げるなら、フロイトがこの作家へ出した手紙（1906）で、彼は六歳下のこの作家に対し正直に羨望を告白するのです。そしてその十五年後、六十歳の誕生日を迎えたシュニッツラーへの手紙（1922）では、フロイトは作家に憧れながらも、科学者として分析家の道を選んだと宣言します。つまり、葛藤しながらも、一つの道を選んだということなのです。

思うに、私があなたを避けてきたのは一種の分身嫌い Doppelgänger-scheu からでありました（……）それで私は、あなたは直観によって――しかし本当は繊細な自己熟視によって――私が苦労して他人を研究して発見したことをすべて知っておられるのだという印象を得たのです。

ここで「分身嫌い」となっているものは、生松の邦訳で「似た者嫌い」となっていますが、「似た者」とはまさしくドッペルゲンゲルであり、それこそ本エッセイ中で取り上げられた「無気味なもの」の例なのです。作家にとっても、精神分析家にとっても、人間、そして自分自身こそが分析の対象であり、その面において研究対象は同じなのですが、作家は大衆に向かい、地味な科学者あるいは精神分析家は一人の患者に向かうという落差は、フロイトにおいては極めて激しい苦しみがあるようです。そして、晩年のフロイトが手紙のやり取りを行う、もう一人の年下の作家ロマン・ロランに対しても、この分身扱いのトーンは変わらないのです（その具体的内容は次章を見てほしい）。

例の、芸術や宗教と科学的な精神分析との違いを明確にしようとするところでも、これと対話しながら分析者フロイトは何度もこれら分身との決別を行うのです。つまり「ミケランジェロのモーゼ像」（1914）という論考で述べる、「私にはある合理主義的な、もしくは分析的な素質があって、そのせいか、自分が感動していながら、しかも他面その感動の理由がわからないままでいるということに我慢がならない」という態度の反復です。そこで「たとえば音楽などでは」と断っていますが、芸術一般についてそういうことを言うことがあるのです。とくに彼が音楽的ではないことについて、P・ゲイは「非音楽性 unmusicality」と書きますが、私などそれは注目に値する特徴のように思うのです。そして、「科学か芸術か」という葛藤で引き裂かれ、分身との出会いに動揺しながら、彼は科学という一つに方向性を選ぶのです。例えば「〈愛情生活の心理学〉への諸寄与」（1910–12）の冒頭にはこう書かれています。

そこで科学が詩よりも手つきは不器用でも、人に与えることのできる快感は詩にくらべて少ないとしても、人間が数千年来詩人によって手を加えられた形で味わい楽しんできたのと同じ材料を研究対象にするということが避けがたいことになるのである……科学こそまさに、われわれ人間の心の作業にとって可能なかぎり完全な形での快楽原則との訣別を意味するものなのである。

つまり、自らの内部から切り捨てられる快楽主義者としての役割が分身によって担われ、分身たる芸術家によって送り届けられる非合理的な音楽や「大洋感情」（ロマン・ロラン）が、フロイトにおいてそのようなものはないと言い切られるのです。そこでは、芸術家がかき立てる動揺を振り払いながら、その感情に追いかけられ、また追い払うことになるのです。この追いかける芸術家という分身たちによって、実に母親や女性からの愛情を独り占めにされるのが耐えられないという三角関係にフロイト自身が巻き込まれていることを、すでに私は指摘しておきましたが、次にこの原点を要約しておきましょう。

7　追いかける弟

ここで彼の家族写真を挙げます。上段中央がジクムントで、その下に母親、右下が父親です。

フロイトの家族写真（1876年）

ジクムント・フロイトの原家族の複雑さは、若い母親と年老いた父の「貧乏人の子だくさん」というところだけではないのです。父の最初の妻との間に生まれた異母兄弟の子どもたちと同世代であったことも一因であり、その中で甥のヨーンは喧嘩友達でした。そして問題の「弟との三角関係」の原点は、フロイトより一歳半歳下で生まれ、生後半年で亡くなった弟ユリウスとの関係にあるという解釈は、フロイト自身によってフリースとの手紙等で報告される自己分析によるものです。もちろん、彼のライバルには、親戚の子や、当然、父親が含まれているのです。確かにこの子だくさんの家族において、母親をめぐる同胞葛藤や父子コンプレックスは凄まじく、その典型的な形がフロイトにおけるその後の芸術家の取り扱いに見出せるのです。
　フロイトのフリースへの手紙（一八九七年一二月三日）では、三歳の体験が記載されます。フライベルクからライプツィヒへの汽車旅行の途中で、彼は初めて見たガスの炎が彼に地獄で燃えている亡霊を思い出させたのです。そして、この古い体験を彼は自分が成人してから持っていた「旅行不安」と関係づけていますが、これは彼が汽車に乗ることに関わるものでした。それ以前に、一八九七年一〇月三日のフリースへの手紙では、幼児期の旅の夜、「裸の母親」を見てリビドーが目覚めたことを書いて、こう続けています。

　僕は一歳下の弟（この弟は二、三か月で亡くなりました）を邪悪な願望と子どもの本物の嫉妬で迎えたということ、そして、この弟の死によって非難の萌芽が僕のなかに残ったということ、これらのことを示唆することができるだけです。

　この弟に関わる何かが彼を追いかけ、彼を不安にさせているのでしょう。また成人したフロイトは一九一二年ミュンヘンで、自分の仕事がスイス人たちに無視されていることを批判した時、宿命のライバル、ユングの前で動揺し気絶しています。この出来事を聞いたフェレンツィは、それ以前の一九〇九年、三人がアメリカへの旅行に出発しようとしていた時にもブレーメンで同じようなことがおこったのを思い出しました。酒をめぐるその顚末をジョーンズは次のように詳しく記していますが、これもまた弟コンプレックスゆえだと言うのです。

彼はユングの酒に対するそれまでの態度を変えさせるのに成功した――だがそのあとで気絶して床に倒れたのであった。（……）その間自分の失神という反応を分析していたフロイトは、発作はすべて一歳七か月の時におこった弟の死が自分に与えた影響にさかのぼることができるという意見を表明した。したがって、フロイトは彼がこの場合は敵を負かした成功によってであるが〈成功によって破滅する人びと〉と記述した型のあまりひどくない症例であったらしい――その成功の最初の例が、彼の小さな弟ユリウスに死の願望を抱いてそれが成就したことであった。（ジョーンズ『フロイトの生涯』）

もちろんそこには敵対する父子関係があったと言うし、片方の当事者ユングにはやや異なる理解があるようです。しかし、そこに倒れるほどの動揺が隠されていることは確かなわけです。そして私は、「勝つか負けるか」で動揺するフロイトは一本気で、それで揺れたくないから一つを選ぼうとし、だからこそ倒れるのではないかと考えています。

またフロイト研究者M・カンツァーも、自ら編集した本（1979）における〝*Freud and Literary Doubles*（フロイトと文学の分身たち）〟という論考で、フロイト自身を後から追いかけるものが親しいけれども、親しくない対象でもあるという無気味現象に触れています。そこでは、十歳下の末っ子で弟のアレキサンダーとは穏やかな関係を結んだことが強調されていますが、アレクサンダーとはフロイトのローマやギリシャへの旅行における同伴者であり、私にはこの弟との旅行がフロイトの二歳の頃死んだ弟ユリウスとの関係の劇化とやり直しに見えるのです。ローマへの旅が旅行恐怖症による禁止によって延期され、それが自己分析を通して克服され、晴れて一九〇一年に弟と旅行したのもそういう反復される神経症的物語の書き直しではないでしょうか。（アレクサンダーと同い年の作家ロマン・ロランへの手紙で、その芸術や宗教に向けられたフロイトの感慨が語られることについては、次章を見てほしい。）

誰もが認めるように、フロイトの文学的で創造的な才能にははっきりとした証拠があると言えるのですが、フロイトは頑に自分自身を科学者として位置づけていました。これを分析するカンツァーの結論もまた、私と同じものです。つまり、彼の芸術性は芸術家や文学者という分身たちに投影され、それが回帰するのをフロイトは無気味に感じ、動揺していた、ということなのです。

8　書くことによる自己解釈として

私には、フロイトの住居兼診療室のあったウィーンのベルクガッセ（「山の道」の意味がある）についても、彼が何かから出発して、何に向かって坂道を登ろうとしているのか、興味ある答えが浮かぶのです。ベルクガッセがはじまるのは、フロイトの両親が住み続けたウィーンの第二区のすぐ近くです。少年時代フロイトは、ウィーンの比較的貧しいユダヤ人市民の大部分と同様、第二区で暮らし、通学しました。そして、そのベルクガッセは坂を登っていくとウィーン大学へと至るのです。

しかし長いあいだ彼の大望のまとであったウィーン大学正教授には一度もなれなかったし、ウィーンの上流市民社会にほんとうに仲間入りさせてもらったことも決してなかった。あの通りの平らな部分に、つまり彼が生まれ育ったユダヤ人社会と丘の上の豊かで知的なご近所との中間に、フロイトは居を定めたのである。（B・ベッテルハイム『フロイトのウィーン』）

私は、ユダヤ人と上流階級との間と同様に、彼は科学と文学の中間、あるいは境目に二股かけて住んだのだと思うし、その二重性が多くの読者には魅力的だったのだと思います。しかし当人にとっては、あまり居心地の良いところではなく、「あれかこれか」を問うフロイトにおいて、精神分析と文学は真実に対して宿命の競争関係にあり続けるのです。ですが、両者は彼が考えるほどにまで同じ目的に向かって共存できない方法なのでしょうか。それを問うことは、ある重要な洞察を伴うのですが、揺れようとしないフロイトにおいては「あれかこれか」の葛藤を強いる、やや神経症的な認識だったのではないかと私は思うのです。

なぜなら、その比較観察では精神分析のパーソナル・コミュニケーションであることと、文学のマス・コミュニケーションであることとの違いをまったく無視しているからです。さらに、精神分析の言語的交流は被分析者という第二者とのものであり、第三者に向けて書くというのはこのような出版のためにものを書く場合ですが、後者においてのみ第三者との交流である文学と重なるところがあるにしても、二者言語の専門家としては文学とははっきりと一線を画すものです。精神分析を外に向けてプロモートしてくれた創始者としてはやむ得ないことですが、本人は一つを選択したつもりでも、いつも文学と競争し、引き裂かれかけて動揺するフロイトは、結果的に発表された作品を文学的にさせていると思います。しかし、それは彼の嫉妬や羨望の表れでもあり、逆に両者に二股をかけねばならない精神分析に固有の領域を不明瞭にしていると言えるのです。

そして本エッセィのフロイトの書き方と内容こそ、ベルクガッセから見た彼の動揺の昇華、つまり葛藤に満ちた創造の実例でしょう。実は私たちは、強迫的な思考や被害妄想的な考えを取り扱う時、忌避されながらも舞い戻る観念とは、実は無意識がそれを求めているのだというアンビヴァレンスを指摘することがあります。私たちが、逃げる雪だるまから逃げようとして追いつかれる時、その雪だるまの顔を見れば自分だったというのは、よくある精神分析の展開です。つまり、回避しようとしても気になるのは好きだからであり、そこから逃げている相手は自分の中にあるというのが、よくある臨床的で分析的な理解の例です。このエッセィを書きながら自己開示するフロイトは、その意味で、「無気味なものとは親しいものだった」という分析結果によって、公文書で私的に自己治癒のための自己解釈を試みていたのです。

9　さいごに

そして、そういう反復する物語の書き直しを通して「書くことによる治癒 writing cure」を実践するフロイトの「語り直し」から、私たちはいつも学ぶのです。私たち精神分析家は何のために書くのでしょうか。まずは、書いている内容を「私」が生きることで、自分に出会い直すためにです。

最後に、ドラマティストの山崎正和の言葉を借りるなら、人生の場の大部分は「浮き世」で、確かに「非本質的」なのだが、それでも「丹念に生きねばならない現実」で、軽いが深いその事実を嚙み締めずにはいられないのです。フロイトの書いたものを見るなら、その書き方に現れる「私」は確かに自分の書いたものを丹念に生きていて、その「書き方」のカタ、つまり「生き方」のカタが読者の感動を呼ぶのだと思います。

第2章　「あやしいこと」――投影を引き受ける

1　はじめに

フロイトは、文学者の中でも最大級に評価していたロマン・ロランに宛てた一九二三年の手紙で、「私は生涯の大部分を、自分ならびに人類の幻想を破壊することに費やしてきた」と記しています。そしてロランはそんな彼から『ある幻想の未来』(1927) を贈られましたが、このタイトルで「幻想」と訳されているのは“Illusion”であり、原題は「ある錯覚の未来」と訳してもよいものです。

この、「錯覚」だと現実的で「幻想」だと非現実的だ、という意味の差が大事だと思います。人間を支える宗教とは、おそらくフロイトにおいては幻想であり、超越した親の似姿として無力な人間が考え出したもので、それは幻なのでしょう。ロランはそれへの返答としての手紙で宗教的感情を「大洋感情 ozeanisches Gefühl,（英）oceanic feeling」と呼び、「たとえすべての信仰、すべての幻想を拒否する人間でも、こうした大洋的な感情をもってさえいれば、自分を宗教的な人間だと称してさしつかえない」と語ったと言うのです。これに対し、フロイトの書物中「もっとも読まれた」と言われる『文化への不満』の中で、科学者のフロイトは自分の中にその文学者の言うような感情はないと以下のごとく言い切ります。

幻想の持つ魔力をかつてみずからもその作品の中で高く評価したことのある尊敬すべき友人［ロマン・ロラン］の言葉に、私は少なからずとまどってしまった。私自身のどこをどう探してもこの〈大洋的な〉感情は見つからないのです。

本当にそうなのでしょうか。インド文化に由来し、理解の難しい「大洋感情」ですが、フロイトのどこをどう探しても「大洋感情」は見つからないのでしょうか。そこには、後で触れる「神なきユダヤ人」としてフロイトがないと言うのは、絶対的な宗教心であり神に頼りたい依存心でしょう。このようなエピソードで始まる悲観的な文化論『文化への不満』で彼は、人々が文化への不満をいつも抱いていることに注目します。満足という人生目標は、死すべき身体、無慈悲な外界、他人との人間関係のためにそれを達成することが困難であり、寄る辺なき人間は不幸や悲惨を感じやすいのです。私たちは、愛の満足を得ようとしても幻滅し、それでもなお幸せを獲得する努力を放棄できず、美、宗教、学問などの文化活動に満足を求めようとします。人間を保護し満足させるはずの文化とは、昇華を可能にしようとしながら、美や清潔さ、学問的活動、法秩序などを通して、欲動を抑圧し目標をずらし、結局は断念させ不満を生み出すのです。とくに不満と攻撃性は文化にとって最大の障害物であり、文化とは、生の欲動と死の欲動の間の戦いの場だと言うこともできましょう。

このようにフロイトの二分法は、文化に対して期待と断念の両極に引き裂かれる人間像を呈示して、完璧な昇華は不可能だと説くのです。これに対し、例えば英国の小児科医D・W・ウィニコットにとっては、文化的体験の起源は、個人と育児環境との間の両義性に満ちた母性的空間です。そして、内なる現実と外なる現実を重ね合わすという課題から誰も解放されないと彼は言うのですが、文化とは、現実検討や現実受容を強いられる日常生活で提供されている内と外との間の休息地で、そこでこそ人は錯覚の楽しさ、面白さを体験するのです。防衛的価値や創造的価値を説く楽観的文化論としては、二者関係（主に母子関係）で育まれ実現する錯覚としての文化なのです。その錯覚を裏づけのない幻想とし、超自我と現実がもたらす残酷さや幻滅を徹底分析するフロイトの文化論とは、父親コンプレックスや三角関係の分析に基づくものなのです。

しかしながら、彼は文化の幻想を父性的に壊すことばかりやっていたのでしょうか。それこそ、精神分析という文化や運動を形成し得たのは、やはり彼こそが「創造的な芸術家」あるいは幻想の「作り手」で「受け手」だったという側面を、私は忘れることはできないのです。そして分析家が転移を引き受けるように、彼こそが社会の中で大いなる幻想を引き受けていたのではないでしょうか。だからこそ、それを取り扱い、解釈することで、幻想を壊すことができたのです。この幻想の当事者であることこそが精神分析を可能にするのであり、私はその彼が引き受けた、特にネガティブな投影をここで考察し、私たち精神分析家が臨床だけではなく、社会に生きる者としてその社会において果たす役割を論じたいのです。

というのも、精神分析家が「中立的な科学者」として研究するだけでは、ただの漂白された人物でしょう。むしろ、積極的に「心の科学者」として、心について科学的な技術を施してお金をとるというのですから、それだけで充分「あやしい」と言う私の患者がいました。フロイトのように「狼男」や「鼠男」を惹きつけ分析するためには、その人物がただ科学的な心理学者として理想化されたというだけでは足りないわけです。本章の最後に論じる冗談の例ではなく、私を動かしている連想なので敢えて言うのですが、「鼠男」の連れとなる「鬼太郎」の「あやしさ」が必要なのではないでしょうか。

だから私は、フロイトの「見にくい（醜い）」側面へと発展しやすい「あやしい（怪しい、妖しい）ところ」があったことを示さねばならないのです。それに関しては、診察室の設定された場所のことも、後の章で申しあげることになるでしょう。ここでは、幻想がどのようにして壊されるのかを見てゆきましょう。そうして、幻想の生成に参加している者こそが、臨床で「あやしさ」の受け皿となって幻滅のプロセスにも寄与しこれを促進できることを知るのです。そして、同じように人を惹きつけるかもしれないが、幻想を振りまいてどこかに連れて行こうとする人々に対抗するかのように、私たちは幻想を壊してここにいようとする、そこがカルト教団とは決定的に違うところなのです。

2　「ユダヤ人」への投影を解釈する

さて私たちにとって、中でもフロイトにおけるユダヤ人問題は実感を持って理解するのが難しいものでしょう。どのような本を読んでもすっきりとはわかるものではなく、そのクリアーではない複雑さという感覚こそ、心が消化できないでいることの証左となっているわけです。しかし、あらゆる心理的体験に意味があるとし、その意味について当事者以外の者にも理解を提供することが、精神分析運動そのものであり、それを生きる私の生き様であり考え方です。よって発展が遅れざるを得なかったのですが、この数十年の間に研究が飛躍的に進んだのが、以下のごときフロイトにとっての「ユダヤ人問題」というデリケートで複雑な領域なのです。

差別されるユダヤ人

その記録が示すように、フロイトは自分がユダヤ人であることについて隠すことはなかったし、むしろユダヤ人が劣等視されることを断固拒否しました（フロイト「みずからを語る」）。また彼は勇敢な英雄に同一化し、父親たちの受けたユダヤ人差別について、そしてそれに対する逃避的な態度について失望していたと思います。これは、少年時代からのよく知られるエピソードですが、街で帽子をたたき落とされた父親の話を勇敢ではないと思っていました（Gay, P., 1988）。

神なきユダヤ人

フロイト家は他のユダヤ人と比べるなら、ユダヤ教についてては穏健な改良主義の方に傾いていましたし、フロイトは無関心に近い態度を受け継いだと考えていたようです。結果的に自らが無神論者であることが精神分析誕生に直結したと語っていましたし、この「神なきユダヤ人」が中立性を保って普遍的な真実を語る科学を可能にしたことは、歴史家P・ゲイたちを含む多くが重視しています（Gay, P., 1987）。そして、この「神なきユダヤ人」という表現に矛盾が孕まれています。

中立の科学者

彼は多言語的な読み手となり、ドイツ語を自らの言語とすることに抵抗はなかったわけで、その教養も国際的でユダヤ文化に特にこだわるということはなかったのです。その文化論において重要なことですが、たとえ集めている素材がユダヤのものであっても、それによって証明しようとしているのは個人の心理ではなく、広く人類全般の無意識なのです。当然、自分が中立で客観的な科学者であることは重要でした。だから、精神分析が「ユダヤ人の学説」とされることは不愉快だったし、スイス人のユングを国際精神分析学会会長に就任させてユダヤ色を消そうとしています。

堕落、病気、人種

ユダヤ人は堕落していて、病気にかかりやすく人種的にも劣等だという烙印を押されて差別されることがありました。他方で日常的なストレスも強く、近親婚のせいもあり、精神疾患にかかりやすいとされ、時に「汚いユダヤ人」「あやしいユダヤ人」「病気のユダヤ人」という烙印が押されていたことを強調する人がいます。そのことを論じるサンダー・L・ギルマンの刺激的な研究書『フロイト、人種、ジェンダー』によると、とくにユダヤ人における割礼による「切られたペニス」が、複雑な意味をもったと言うのです。例えば、非ユダヤ人の去勢不安を刺激し、その周囲からの投影の結果としてユダヤ人男性は「女性的」とされることがあったのです。これを『シュレーバー回想録』の記述から引用すると、「永遠のユダヤ人とは、子供を生めるようになるために、脱男性化されねば（女への変身を遂げねば）ならなかった者のことなのだ」と記されます。シュレーバーの「ユダヤ人＝女性＝同性愛の（女性化された）男」という観念はフロイトにとって、「男性＝医師」としての意識を脅かし、フロイトはこの回想録における「ユダヤ人問題」を黙殺するほかなかったとして、ギルマンはフロイトの中立性について疑義を差し挟んでいるのです。

投影を解釈する

こうして、差別の文脈においては、ユダヤ人は「あやしい」、あるいは「醜い」のです。その扱いの例としては、シェイクスピアの『ベニスの商人』に登場する人物シャイロックを見ればいいでしょう。悪辣、非道、強欲なユダヤ人であり「あやしい金貸し」として描かれていますが、そこに人種差別にはいつも伴う「醜いもの」の投影が見られるのです。これに対して、何よりも重要なことですが、フロイトは社会的にもこれを精神分析的に扱ったのです。

私が数十年前に要約したフロイトの「機知論」でも考察していますが(北山、一九九三)、ユダヤの「汚いジョーク」や「汚いユダヤ人」の揶揄を収集した意図は、「乞食Schnorrer」の汚さによってユダヤ人の心が汚いことを証明することではなかったはずです。性的な冗談やブラックジョークはユダヤ人だけのものではなく、どこにでも見られて楽しまれているのです。フロイトはその機知論で、人種を超え、それを楽しむ人間の心があまねく「汚いschmutzig」、そして「見にくい」し「あやしい」ということを証明しようとしたのです。私が日本語や日本文化の例を引くのも、サンプルは読者の皆に共有されていて、仮説、方法、結論と提示され、その広く科学的であるところには非常に首肯すべき説得力があるためです。

3 「裏切り」という幻滅契機

もちろん、ユダヤ人問題は彼の背景の一要素にしかすぎませんが、フロイトに向けられた「見にくい＝醜い」投影の問題はこれくらいにして、ここで話を「見にくいもの」の起源、つまり幻滅の発生論の方に戻しましょう。また、「きれい」に対する「汚い」は「美しい」に対する「醜い」と、心理学的にほとんど同義です。それは、イザナキが豊かであったイザナミの「腐っているところ」を見て幻滅し醜女（シコメ）に追われて「汚いもの」から逃げたところに描かれている通りだと思います。

さて、多くの精神分析の論者が、対象関係の発展を、母子の緊密な排他的二者関係、あるいは相互同一化状態から、開かれ分離した二者関係へという流れで描き、時間と共に不安定な関係から落ち着いた対象関係になることを理論化しています。そして私にとって興味深いのは、古典的精神分析理論には対象関係における幻滅の契機として愛情対象の「裏切り」があることです。それで私は、古典的な精神分析から出発してその後の対象関係論の展開を追いながら、「裏切り」による幻滅理解を論じることで、対象関係における現実発見の道筋を概観したいと思います。

一般に「幻滅」とは、広辞苑によればこうです。

「幻想から覚めて現実にかえること。美化し理想化していたことが幻にすぎなかったと悟らせること。また、それで落胆すること。」

幻滅は落胆という痛みや抑うつ体験が伴うので、時に外傷的であり、臨床や文化体験では頻繁に起こっています。文脈に応じ、非外傷的な場合に私は「脱錯覚」としていますが、「脱錯覚」は日常語ではないのです。しかし、この語は私たちに必要です。というのは、自然な時間経過と共に起ころはずの「さめる」プロセスこそ、例えば恋愛の結末や健康な老化、そして研究にすら必ず存在しており、これらの日常性を強調するためにこそこの語はあるのです。

そして「幻滅」という概念の捨て難いところは、広く共有されている浦島伝説の最後における浦島の外傷的体験などが「幻滅」と呼ぶに相応しい点です。さらに、英和辞典で“disillusionment”は確かに「幻滅」とあり、精神分析においても私の「脱錯覚」が「幻滅」と訳されていたことを思い出してもらいたいのです。これに対して、それとは気がつかないで、ゆっくりと脱錯覚するという時間のかかるプロセスは、健康の礎です。若さや美しさも、体力も、非外傷的に時間をかけて失われるのが順調な展開を意味して、自然に時間をかけることで、私たちは浦島の外傷的幻滅を回避できているのでしょう。もちろんここにも、軽い悲しみや憂いは、ため息のように当然のごとくつきまといます。

そして社会や臨床で力のある者が理想化を引き受けることは簡単かもしれないのですが、その逆に幻滅させる者（disillusioner）となり、その役割を順調に果たそうという心がけ、自負とは何よりもクライエントや患者の心の健康を支える専門家として大事なことだと私は考えるのです。それと共に、理想化が幻滅する寸前で、頻繁に「怪奇」や「不思議」の感覚が生まれることに注目したいのですが、この「あやしさ」こそが幻滅の予告であり、幻滅させる者としてこれをどのように扱い通過させるかがその後の体験を決定すると考えます。よって分析的治療者は、「あやしい」を引き受けなければ、次の展開を迎えることができないはずです。

4　幻想を引き受け幻滅させる

父親として

フロイト学派が問題にする、誕生の後に時間がくれば人間に課せられるタブーとしての「近親姦のタブー」は、人間として絶対的に守らねばならない父性的（象徴的に父の課すことの多い）タブーです。赤ん坊はしばらく母親と寝ていいですが、やがて一緒に「寝て」はいけなくなり、一体化していた母子に分離が必要とされるのです。

ところがこの母子分離を母親と子供の二人だけで行うなら、それは同じものが誘っておいて拒否するという“exciting rejecting”の両価的状況、あるいは抜き差しならぬダブルバインド（二重拘束）の状況となると考えられるのです。それだからこそ第三者（多くは父親）の介入が求められることになり、濃厚な母子関係に対して父親が割って入り、場合によっては去勢を迫ってまでして、母子間の密通関係を外部に向けて開いていくというのです。この、母子の排他的な一体化幻想と衝突する第三項としては、フロイディアンの精神分析では、父親の「切る」機能があり、それに至る契機としては両親の性交を目撃する「原光景」、母子の利害が衝突するトイレット・トレーニング、兄弟姉妹などのライバル登場の体験などが挙げられ、それらは純粋に幻想でも現実でもなく、幻想で彩られた現実なのです。

物語のイメージ展開は実に単純化されていて、「二人だけ」の排他的幻想を砕いてしまう第三項が、あるいは第三者が、あるいは現実が、まさに「幻滅させる者」となって登場してくるのです。エディプスの物語では、対象とは乳児の異性の親で、それは近親姦的な欲望の対象であり、対象の側に属す性的パートナー（同性の親）の嫉妬が、三角関係における困難を決定する要因なのです。例えば父親は、愛されながらも憎まれるのであり、息子にとって「評価が分かれる」のです。

母親として

対象関係論から見たメラニー・クラインの貢献のひとつは、幻想の内部に固有の悪いもの、怖いものを発見したことにあります。そして、良い乳房と悪い乳房の分裂する妄想分裂ポジションと、その二つの乳房が母親という全体的対象のものであったことを認識する抑うつポジションという形で、〈良い乳房－自我〉と〈悪い乳房－自我〉という二つの対象－自我関係の二つの在り方とその運命を描いたことです。この、対象の二面性に関する認識の発展と、理想化された良い対象の幻滅の困難を乗り越えることで、全体化した対象関係がもたらされるという図式は、今ではほとんどの対象関係論にあると思います。しかも無意識的幻想を強調するクライン学派によれば、母親の幻滅は時間経過と共に母と子という当事者の幻想的関係の内部から起きるのです。つまりそこでは、あたかも時間が先の「第三項」のようです。

クラインの理論では、分裂する良い部分対象と悪い部分対象という狭い視野と、その全体把握を踏まえた抑うつポジションという広い視野との繰り返しの通過が重要です。そして、それを経た後の対象関係こそが、やがて落ち着いた人間関係や生き方、考え方の礎になっていくという道筋が描かれています。良いだけ（all good）と悪いだけ（all bad）という分かれる価値があやしく入り混じり、時にはそれが醜悪に混交し衝突し幻滅を蒙るという体験が、最終的に抑うつを伴う幻滅の痛みを生み出すのでしょう。ゆえに、母親もまたアンビヴァレンスの対象になって「評価が分かれる」局面があるのです。この母親像が飲み込めないとその全体は見にくくて、幻滅の急激さによっては、「私」の抱えきれない外傷的体験が避けられなくなります。私の吐物や汚物を引き受けてくれていた母親像は、確かに私にとって見にくくて醜いのですが、これを納得できる時は、その醜いものとは私自身がぶつけたものだと思い知る時、悪かったという痛みが心の内部から生まれるのです。

非外傷的幻滅の可能性

英国の小児科医で精神分析家であったウィニコットは、その独特の立場から、母子を一対のものとしてみる独特の二者関係論を導き出しました。彼の視点は、子どもの側からのニーズと、母親を含む環境側からの対応の両方を見据えて、両面的で中間的な視点から臨床観察と分析を行ったのです。そこから内と外の間における移行対象（transitional object）や可能性空間（potential space）のような、母と子の相互の橋渡しとして様々な概念と理論が生み出されたのです。このような展開は、連続と断絶が交替してせめぎ合う対象関係の歴史と展開で、診察室で母子の健康な在り方を探索する小児科医の立場から見ても、必然的なものだったと思います。

ウィニコットによれば、「ほど良い母親」が依存的な乳児の内的ニーズにほど良く適応し、おおむね適切な時に適切な場所に実際の乳房を外部から差し出し続けます。この場合、乳児には、自分の創造する能力に対応する外的現実があって母親の乳房は乳児が創造したという錯覚（illusion）が生まれるというのです。ここに母親の供給するものと、乳児が思い抱くものとが重なり合い、母子の間における「つながり」や「きづな」の誕生は内外の共同作業の結果となります。そこは子どもの内部でありながら外部であり、その「つながり」の維持は内外を、あるいは人と人の間を、最初は母親の「わたし」が、同時に乳児の「私」が「わたし続けること」として、どのように破壊されても「きづな」として再生するよう、分けながら重ね合わせて、わたしているのです。

こうして、フロイトの精神分析学では内外の間は厳密に線引きされ、現実をどう見極めるかがずっと関心事だったのですが、その中間が領域として広大であることが発見されたのです。同時に私は、その中間領域の発展によって「開かれた二者関係」という、母子関係は「去勢する父親」によって引き裂かれるのではない、時間経過に伴う脱錯覚の道筋が描き出されたと見たいのです。本書の第8章の一八三頁で少し述べる私の浮世絵研究による、「二者関係」における共視あるいは「共に眺めること」の強調もこの流れの中にあるのです。二者間外（extra-dyad）の対象について共同注視を行う母子の二者間（intra-dyad）の交流における、醜悪な分離や喪失を美しく感じる「もののあはれ」や「はかなさ」の体得とは、このようなゆっくりと時間をかけた幻滅、つまり脱錯覚と連携しています。端的に言うなら、一般に桜は散るから美しいと言いますが、来年も咲くから美しいのでしょう。

5　「あやしさ」の意義

両義的な体験

幻滅させる者の美的な配慮により、「悪いもの」や両親の「交尾《つる》み」は、子どもにとって両親の表の姿の向こうに、家族内の表に対する裏に隠されます。たとえ、両親のベッドルームが独立してあっても、また母親が添い寝していても、両親の性的な結合はその裏に隠されているのです。このように幻滅を回避させる「幻滅させる者」としての両親、あるいは母親の取り繕いや隠蔽を私は、時間と共にやがては破られる「見るなの禁止」と呼んでいます。

さて、このような隠蔽から生まれた相手のオモテウラに由来する「あやしさ」（外から見て裏のある感じ）は、物語の展開において主人公たちを動かすきわめて重要な要素です。エディプス物語の怪物スフィンクスや、「見るなの禁止」を課して生産する〈つう〉（『夕鶴』）が醸し出す「あやしさ」や「不思議さ」こそがこれを見る者の好奇心を刺激し、やがては動かすのです。そして、結果的には幻滅に至る場合でも、その劇的展開において、「あやしさ」は実に重要な役割を果たすのです。しかし、結果は幻滅だけではなく、古事記で、お隠れになったアマテラスを外部に向けて惹きつけ，アメノイワトを細めにあけさせたのも「あやしさ」なのです。おかげで、闇の世界に光が戻ったのです。

ここで、人を動かす「あやしさ」という言葉の意味的な「ぶれ」を示すには古語辞典をひくのが適切と思われますが、特に三省堂の古語辞典は「怪しさ」と「賎しさ」を併記しているのが興味深いところです。そこには、評価の分かれる両義的な意味が対比的に描かれています。

まず「怪し（あやし）」では、①人間の力以上のものに接した気持ちを表す語。不思議だ。②普通でない。変っている。珍しい。③とがめられるべきだ。ふつごうだ。けしからぬ。

そして「賎し（あやし）」で、①見苦しい。そまつだ。②賎しい。身分が低い。

実にこの「あやし」が魅力的な「妖し」で、さらに「賎し」で「いやし」なら、治療的な「癒し」と連動し、再び「あやし・いやし」の体験における幻想と幻滅が感覚の低辺で繰り返されていることも体感できます。前章で述べた「不気味なもの」が「気味の良いもの」で、日本語の「おかし」が「面白い」と病理のあることの間で意味がぶれ、精神分析は文学と科学、治療と分析との両義でぶれながら二股かけて立とうとするのと同様です。

治療的な幻滅論の文脈から言うなら、患者の対象希求性や理想化を引き受けているとやがて時間と共に治療者についての幻滅が起きてくるのです。理想化転移を扱う治療者の一番大事な覚悟は、現象を説明する解釈だけではなく、幻想の受け皿になり、同時に幻滅の相手役として「幻滅させる者」であるという両義的な役割を引き受けて、評価の分かれるところに立たねばならないことです。こういう時に、幻滅の苦痛を回避すべく行われる解釈は、責任逃避の弁解に聞こえることが多いので、特に私は、見やすい表に対して見苦しい裏があるとされる時の「あやしさ」を引き受けて、去って行く〈つう〉ではなく、我らがそこに「いること」はとても大切だと思うのです。

評価がぶれる

この理想化と幻滅に応じる治療者の課題を、ウィニコットのように「生き残ること survival」だと表現してもいいのですが、いつもそれが「命がけ」に聞こえるので不適切です。この幻滅させる側の苦しみにはもちろん恥が含まれます。これに対応することが「持ちこたえる」ことであると言われやすいのですが、そこで我慢するというよりも先に挙げた諸概念の意味の「ぶれ」と共に、「私」が不器用にぶれていることを強調したいのです。その「評価」あるいは「意味の分かれる」ところで引き裂かれないでいる両義的体験の実際を決定するのが、治療者の理解そして自負や自覚というものであり、これが、ビオンの言う〝コンテイン（contain）〟の包容力においても求められるところなのでしょう。それは、相手が自分に怒りや軽蔑をぶつけてくる際に、受け皿として好悪や愛憎を受けとめるなら患者にとっては意味的にアンビヴァレンスでぶれるのですが、治療者はそれを抱えることが期待されるのだと思います。

これによって内的体験を重視するクライン学派の理論で、外的な、つまり環境の側の母親機能という積極的役割が本格的に注目されたと言えるのです。それも、この外部の母親は、悪い幻想を咀嚼し（こなし）て良いものにするという良い機能を持っているのですから、この良さは幻ではなくなるのです。そして冒頭に示したようにフロイトは、社会を生きる者としてもそれを行っていたのでした。

6 さいごに

四十年前、私が精神科医としての初期研修を受けたモーズレイ病院と精神医学研究所では、精神分析と行動療法の対立が激化していました。カンファレンスではお互いがお互いを攻撃する場面が毎週のように見られ、積み重ねられる効果研究が予算や部屋の割り当てにも影響を与えていました。私の尊敬していた教授は、一般精神医学の立場から、精神分析理論は星占いの言っていることと同じではないかという講義を大聴衆に向けて行っていました。彼は科学の立場から言うなら、それはどちらもあやしいというのです。精神医学研究所心理学部主任で行動療法の理論家H・アイゼンクには『精神分析に別れを告げよう』という邦題の著作がありますが、彼らとの激しく果てしない論争が続く中でも、精神分析は人気があり若い精神科医を集めていました。そして、その会場、つまりロンドンの精神医学の世界ではその評価はまっ二つに割れていたのです。評価の矛先にA・フロイト、H・シーガル、R・D・レインたちは立っていたのであり、私はそういう状況で生き残ろうとする精神分析と出会ったのです。確かに、あのワクワク、ハラハラする論争は、場を活性化していました。

どのように科学だと主張しようとも、このような「あやしさ」や「胡散臭さ」は、心の問題を心理学的に扱う者には避けて通れない大事な特徴だと、私はずっと思っています。この「あやしい」の感覚について、意識に近い例を挙げるのでしたら、われわれが過去の運動会を思い出すと、多くの運動会の日が、晴れ上がっている（良い日）か雨の日（悪い日）かのどちらかなのですが、大人になると多くの運動会が曇りの日（良くも悪くもない日）という普通の日に行われていることを知るのです。しかし、よく考えるなら、確かに幼い頃は「あやしい雲行き」を何度も見つめながら、晴れるのか雨が降るのかと心配したものです。AがBになるには、そしてAとBが共存するためには、「A＋B」という状況はどうしても必要であり、注目される事態なのです。

幼児の頃は、楽しいことは今よりずっと楽しく、同時におバケはもっと怖かったのですが、時間が経ち、楽しいことが減ってつまらなくなった分、確実におバケも減ったのです。楽しいだけの幻想の幻滅に伴う情緒が抑うつというわけなのですが、同時に悪いだけの幻想もここで「幻滅」しているのです。こうして世界について拡大する認識や関係が現実的になったと言えるのですが、そこで「どんより」とした抑うつ感情に圧倒されないでいる場合、好悪の対立図式に由来する混乱の中で、「桜はまた咲く」というような良いものについての希望は失われないでしょう。

それで、「あやしい雲行き」や「どんより」とは、その幻滅と幻想の間で、そして好奇心と希望を刺激する中間的で両面的な事態として重要です。唐突かもしれないのですが、最近の出来事として、和を成して調和することをいつも求めるこの国が、突然深く傷ついて、今はまだ片付いているところと片付いていないところを、調和させずに置いておかねばならないわけです。その上、すぐに水に流そうとする文化が、大量の汚染した水と土地を抱え込んだのです。そして、原子力発電をめぐる発言は皆「あやしい」し、それを語る商人や政治家だけではなく、科学者も「あやしい」のです。この「あやしい」に向かい合う時、この評価の分かれる世界を一つにまとめずに置く多重視とは、実に現在、我が国で深く広く展開中の方法なのでしょう。

豊穣と傷つき、天国と地獄、建設と破壊、安心と危険、低級と高級、賢者と愚者、生と死、言語と非言語、心と体、喜びと悲しみ、……事態はそのどちらなのだと問いかけられても上手に答えられません。そして、それを表と裏に併存させた混合状態を見にくいまま、不可解なまま置いておくという多重の焦点付けに伴う在り方や考え方を、また「あやしい」という言葉でここに提示でき、しかもこれがフロイトの体験と共に示すことができたというのは、私には貴重なのです。

こうして「あやしい科学者」の「あやしい科学」は、求められながら嫌われ、人々の心の受け皿の役割を果たすのです。心の領域で、迷える人々を不安な投影と誘惑で惹きつける人物たちは、私たちの同業者だと言えるかもしれませんが、彼らはその幻滅を語りません。そして、こういう存在について一般の人々の理解を得るために、私は社会人として幻想だけではなく幻滅を語り、私たちがそのマーケットで必然的にもたらす不純な印象の深層心理学を語りました。

第3章　二重性という在り方、つまり矛盾でぶれる

1　問題の在り処

どれほど非言語的交流や言語以外の媒体の価値が強調されようとも、臨床においては言葉のない活動や思考はあり得ないと思います。そして、一般においても「心に残る言葉」と頻繁に言われるのですから、心を取り扱う者は、言葉について様々な心得を体得しておいた方がいいでしょう。

一流の実践家は「弘法筆を選ばず」の諺通り媒体にこだわらないものなのですが、それでも一般に人々の心の言語化に対する抵抗の強いことは周知の通りです。私にもある、この抵抗の意義については後で検討するとして、精神分析の言語化の目的を、最初に自己紹介を兼ねて要約しておきたいと思います。同時に言語化においては、矛盾や曖昧という様々な意味の「ぶれ」のあることも示さねばならないでしょう。つまり、日本語の臨床で心を言葉で取り扱うために言語化という目標を

掲げる時は、必ず日本語の曖昧さや矛盾が問題になるのです。

その議論では、意味が二つに分かれることが両義性と呼ばれ、それがはっきりまとまらないと曖味となり、二つの意味が大きく異なると矛盾とされるのですが、それらは同じものを指しているこ とが多いのです。つまり、心理的に問題ない時は両義性や多義性ゆえの「ぶれ」なのですが、そうした曖昧や矛盾の認識は時に心的苦痛となるのです。

ただし、ここで私は文化と言葉という二つのカテゴリーを区別しないでおきます。例えば、言語的にデスマスによる話し言葉とデアルによる書き言葉が二重に使い分けられ、実際言っていることと書いていることとが矛盾しやすいのですが、これは日本文化の問題と言ってもいいでしょう。私、俺、僕、自分、先生などと自分の呼称も変化し、二人称の代名詞も変化するという、こういう日本語の場当たり的な特徴は、決して言語だけの問題ではありませんし、言語的に考えやすいとしても、日本人の心の在り方を反映した生き方であり考え方を示すものなのです。

2　言語化における意見の分かれるところ

名付けること

精神分析技法を一般臨床でも生かすことのできる時の「言語化」という方法は、英語では“verbalization”ですが、ネーミング、あるいはラベリングと呼ばれることもあります。そして、言葉のこの面での活用は、医学の基本である解剖学の、これまた基本でもあります。解剖の「腑分け」においては、「神経」にしても、「大腸」にしても名前が付かねば取り扱うことができないのです。特に、目に見えない心に関しては、言葉で「目鼻を付ける」のは、その扱いのためにも重要ですが、ただし名付けるべき対象について、相応しい言葉を見つけるのは簡単ではないのです。そして個性的な心に関しては、言葉のすべてが比喩のようなものかもしれません。

また、言葉でいじくりまわしているうちに対象が壊れてしまうという危険については、臨床的対象となる「混沌」の語源として中国に故事のあることを思い出します。穴がない混沌に、「穴をあけてあげよう」と毎日一つずつ穴をあけたのですが、七日目に混沌は死んでしまいました（「荘子」応帝王編）。このように、「目鼻を付ける」と言っても、いじくりまわして殺してしまうことになりかねないのですが、そこで最低限、言語化には、言葉を獲得したために、それ以前にあった何か大事なものを失うことになるという覚悟が求められるのでしょう。物言《ものい》えば唇《くちびる》寒し秋の風、とは芭蕉の作ですが、言葉で言えても、喪失感が伴うのです。そしてこの、言葉にしないと取り扱えないと言いながら、言葉にすると壊れると言うのですから、これが意見の分かれるところであり、意見がぶれるところです。

蓋をとることと抵抗

もともとヒステリーと呼ばれた事例が、忌むべき対象を避け症状に置き換えて発症しているというモデルで理解されたことから、精神分析は始まったのです。そのために、言葉で無意識の蓋をとって抑圧されていたものを取り扱うというアプローチは、精神分析のもっとも中心的な方法となり、精神分析とは言葉にしにくいものを言葉にする治療として広く知られるようになったのです。この、病理の中核にあって無意識になっているものを意識化するために分析者が言語化する技法とその言葉を、「解釈」と呼んで、精神分析の代表的技法として特別な形で位置づけるのが通例なのです。

ところが、多くの人間が、周囲からも自分からも、大事なことを隠しているのです。意識的な嘘や秘密のある場合は、臨床的な共同作業はおぼつかないものです。そして、無意識的にも人は何かを心の奥にしまい込み、大事な事実がたとえ見えていても無視して生きているものです。境界例、自己愛パーソナリティ障害、恐怖症や強迫神経症などは明らかに大事なことについて回避傾向がありますし、不安障害の場合も漠然とした何かを恐れています。それらは大抵、言葉にして考えたくないものであり、口にしたくもない内容なのですから、言語化はどうしても抵抗に遭うのです。

さらに、言語化を通して不安が増強することがあって、相手を身構えさせてしまい、言語的アプローチはそれで批判されます。身も蓋もない状態で、言葉で覆いをとるなら相手を悪化させるのは自明ですから、解釈すること一本槍で押し通そうとすることについては精神分析の世界で意見が分かれます。私は、言語には「みんな」にわかるという特徴があり、文法という法で律せられており、精神病的な状態には対応できないことが多いと考えますから、そこでも言語化という方法について意見が分かれると思うのです。そこで、何ゆえに言語化が求められるのか、という問いの説明責任は施術者の側にあるはずであり、言語化を方法にする際には言語化を必要とするという判断と「見立て」が重要だと考えます。よって、「蓋をとる治療」だけではなく、病理に応じて「蓋をつくる治療」や「蓋をする治療」が求められ、剝き出しの病理にはその保存的方法の方がもっとも相応しい場合もあります。

意見が分かれる

奥にある対象を言葉で捉えると、対象が手前に出て来て照明が当たり明白になるのです。ゆえに、言語化は明確化という側面を持ち、言語は頻繁にこれを目的にして使用されるでしょう。また、強迫障害や統合失調症は曖昧なものが許容できないので、曖昧なものを脱曖昧化するための明確化も治療的と考えられるかもしれません。臨床対象を取り扱う際に「わからない」はよくある反応だし、多くの患者が「お前の言うことはわからない」と言われて私たちの臨床場面を訪れて来ます。それで、「わからないこと」を「わかる」のが、臨床家の仕事だと期待されることになるのです。というわけで、言葉によって、臨床的素材は分類され、筋を通して整理されることが多いのです。

ただ、このプロセスで対象は変質します。というのも、言葉や文章というものは、それが指し示された事態と同じものではないし、名前が付いて文章化され、筋が通ると、そこから排除されるものも多いのです。この言語化による変質の例を挙げるなら、「私」と「道」と「走る」は同時に起こっている出来事ですが、「私が道を走る」という文章で線状（リニアー）に並べられる、「私」が先で「走る」が最後に来ます。しかし、正確には「走る」が先にあるかもしれないのです。そこで、「走る、私、そこに道」という発言などが求められるのですが、それは詩的であり、めったに聞かれないのです。

そして、言葉で明確化されること、文章で整理されることで落ちこぼれていく、あるいは排除されやすい「意味のぶれ」や「ぼやけたところ」は重大であり、そこに興味深いという情緒的反応を抱くのも私だけではないでしょう。ただ、言葉で事態をすべて掬《すく》おうとしても、多くが指の間から滑り落ちて行くのが普通なのです。言葉で森羅万象すべてを捉えることができないし、限界のあることは確実なのですが、どこまで言葉になるかについても意見が分かれていると思います。

だから、自殺したい気持ちに対して、その死の希求性を抱えながら、同時に生きていてほしいと願うという、両面併記的な書き方は言語ゆえのことであります。しかし、そういう矛盾する書き方で示されているのは、意見が二重に分かれるところという、臨床的に実に大事な中立性の「ぶれ」なのです。また、精神病をわかりたいと願いながら、わからないまま抱えていこうというような、矛盾する意見の生まれる場所で「私」もぶれるのです。そこで、どうしていいかわからず立ち尽くすのではなく、また二つに引き裂かれるのではなく、その「ぶれ」を体感して時間をかけると何か生まれてくることでしょう。それは、弁証法的に高みに登る思考ではなく、そこでいつまでも同じ地平にいる思考です。

一つの物語を綴る

さらに精神科医には、診察では言葉で生活史（ライフ・ヒストリィ）を聞くという仕事がありま す。それは、精神分析療法においても同様で、人生においては反復というものがあり、患者たちが経験する悲劇、失敗、問題行動、発病等に反復する物語があるのが常なのです。この問題の反復を言葉で取り出すためにも、問題行動や悲劇の歴史を人生物語（ライフ・ストーリィ）として綴るという営みが臨床では求められます。精神分析では、あらゆる問題に早期の起源があり、その起源において書き込まれた「心の台本」が、その後相手役を換えながら繰り返されると考えます。そして、その台本が治療に「転移」して、治療内において治療者を相手にして展開した場合、そこが言語化によって「心の台本」を読み取る好機となるのです。さらには、台本展開の現場に一人の関係者として立ち会うことで、一本の台本の読み取りと共にその推敲から修正変更につながる可能性が生まれます。

しかしながら、そこで読み取られた「過去からの反復物語」は本当にあった過去なのかという疑問が生まれるでしょう。例えば、外傷体験を語る者は、本当にあったことを語っているのかと問われるなら、それにはっきりとした答えはないのです。すべて、終わってしまった過去なのであり、さらには幼い頃の「起源の物語」は主観的に体験された部分が多く、幻想や空想で彩られ、客観的な観察は得られない内容です。たとえ「真実の起源」があったとしても、それは心の中で起こった出来事であり、すでに遠い過去はぼやけていて、今さら客観的な真実などないのです。

これに対して、真実は厳然としてあり、正確な言葉で想起できるとする分析者もいるでしょうから、そこでも意見が分かれます。外からは同じ環境にあるように見える場合でも、子どもたちは皆違う「真実」を経験します。短時間の迷子体験でも、あるいは地震による長い別離でも、「これで一生親に会えない」「死んでしまった」という悲観的体験となるか、「待てばいい」という楽観的な内容になるかは、個性と環境の組み合わせで決定されます。さらには、事件の後で見聞きしたことによっても内容は変更され、書き換えられたりするのです。ゆえに、臨床で読み取られ綴られる人生とは、非常に個性的であり、加工されているからと言ってフィクションだと断じるわけにもいかず、ぼやけてはいますが、一つの人間的な物語なのです。

そして、出演しながら考える

こうして、自己の人生物語は、読み取られ、言葉にできるなら、次の第二段階ではそれについて考えることができます。先に言う、自らの悲劇を修正・改編するということが、確かに治療目的かもしれないのですが、患者がそれについて生き方や来し方についてじっくり考えることもまた第二のステップなのです。言葉では、言葉にしたものを「私」が考え直したり語り直したりすることを可能にしてくれます。媒体比較では、絵について絵で考えたり音楽を音楽で考えたりは難しくて、言葉でないとこの「〜について考える」ことがなかなかできないものです。

そして自省、内省のことを英語でセルフ・リフレクションと言いますが、それを可能にするために、分析者には患者の問題のリフレクター（反射板）の役割が期待されるのです。患者の話し相手、つまり聞き手としてのセラピストに、患者の物語や劇に出演しながらの観察が求められます。そして「自分について語り、それについて考える」ということに向けて、患者の言動を受け、これを抱え、これについて考えて、患者に返すことを治療者の役割とするなら、今度は話の内容を受けとめるセラピストの受け皿としての中立性が重要となるでしょう。それは、半分出演しながら半分観察しているという、矛盾するところではありますが、適切な教えを受けながら場数を踏めばこの引き裂かれそうな二重の役割を果たすことができるようになるというのが精神分析のトレーニングの思想です。

3　二重化という抵抗

明確化に対する抵抗

すでに示してきましたが、こういう言語化を方法とする精神分析的アプローチに対しては、人の心は抵抗を示すものです。言葉で自分のことを語ることとか、自分のことをありのままに捉えることとかが望まれるのですが、それが実際の分析治療では簡単ではないのです。無理に他人の心を裸にしようとするなら、つまり冷たい風で旅人のコートを脱がそうとするなら、服をさらに着込まれることになるという寓話「北風と太陽」の通りです。こうした、「服を脱ぎ化粧をおとす」、そういう方向づけに抗う力を、精神分析では「抵抗」と呼び、治療に抗する点を強調するために「治療抵抗」と呼び、技法的には心の中身よりも抵抗の取り扱いが最優先となるのです。

この言葉「抵抗」は日常語であり、例えば「鼠男」のフロイトの治療記録を読むなら、分析者によって何度も使われています。彼によれば、言語化に対する抵抗の克服があってこそ、無意識の意識化という精神分析の目標が達成されるというのです。そして、フロイトにおいては、自己処罰によって無意識の罪悪感を満足させるという抵抗の理解は、やがては陰性治療反応という逆効果についての問題意識を生み出しました。こうして「蓋をとる治療」としての分析的アプローチに対する人間の変わらぬ抵抗は、常に検討の対象なのであり、この問題意識がなければ精神分析はただの暴露作業となるでしょう。そしてそれなりに保存的意義のある抵抗を解除することは簡単ではなく、その意味では失敗に終わる治療を私もまた何度か経験しています。そして、抵抗を温存し抵抗してもらうこと、さらには中断することがむしろ重要であったケースのことを、私はいつもはっきり覚えています。

だから、この抵抗の取り扱いを巡り、今日、精神分析では意見が多岐に分かれ、これが学派の旗幟を鮮明にする論点となるのです。例えば、「私＝自我」の働きを尊重する立場では、抵抗分析は転移分析と並ぶ大きな治療的課題となっています。「私」がその身を守ろうとする防衛を分析家が取り扱う際、蓋を取る前にその中身を守る個人の抵抗そのものを観察し、問題の表層や患者自らが観察できるところから始めるという方針があるのです。これに対し対象関係論には、抵抗は転移の在り方を示すもので、その分析と「今ここ」における治療関係の取り扱いこそが当面の課題となりやすいのです。そして、「抵抗する」というアクションの背後にある様々な空想や幻想を取り扱わないなら、抵抗する人間を理解したことにはならないというのです。

また、内を守り外に対しての抵抗の心理に共感的に応じることや、重症の病理には「見守ること」「抱えること」を強調する治療態度も示され、ここにおいては抵抗に対し保存的であると言えるでしょう。図式的ですが、抵抗そのものを分析する、「抵抗する／抵抗される」という関係性やその背後にあるものを扱う、抵抗の心理に共感する、という具合に意見を分類するなら、現代精神分析は抵抗に関して実に異なる態度を同時に提案しているのです。

そしてこのように、抵抗論においては学派の違いが具体的になるし、問題にしている対象や病理学的理解が異なることも明らかになりました。さらには、恥抵抗という抵抗現象こそ、「恥の文化」における日本人の治療においてもっとも出現が予測されるものです。ゆえに、「蓋をとる治療」と言われる精神分析と日本人が出会うところで、治療抵抗とその取り扱いがもっと議論されていいはずです。

「鼠男」に対して抵抗を取り下げさせようとするフロイトの方法は、いわゆる「説得療法」のようですが、これで抵抗する心を簡単に止められるとは思えませんし、抵抗はますます際立つ可能性があります。そして患者は、権威的なフロイトに対し、従順と反抗のアンビヴァレンスをますます際立たせていきます。そして、このように抵抗することに伴う心の在り方こそ、患者の性格であり、反復であり、個性なのであり、患者理解には欠かせないものなのです。

だから、精神分析の言語化に対する日本における抵抗こそが、日本語で行われる「日本の精神分析」の特徴を際立たせ、日本語による心の分析と理解が深まることになるのです。そこで言語治療としての精神分析に対する日本側からの抵抗は、要約するなら次のようなものであり、その根拠と共に、その心理に耳をかしてみましょう。

曖昧さと言語化以前

よく、主語が明確ではなく、多義的な言葉が頻繁に使用されるので、日本語が不備であるために日本人の言うことが曖昧であるかのように言われやすいのです。しかし、それは言葉のせいではないのです。この問題は心理的なことが原因であり、いくらでも日本語で明確にものが言えるのであり、「私」が日本語を曖昧に使用するからその日本語が曖昧に聞こえるのです。

また、日本語が多義性や曖昧さを大切にするのは、それなりの理由があり、もともと人工的な言葉を対象に押し付け「分けよう」「分かろう」とすることに無理があるのです。それを考慮するならば、時には明確化と共に多義的で曖昧な表現を使う方が事態を正確に伝えていることになります。

直線的な論理や、明確化は、事態を切り刻むので、いわゆる「プロクルステスのベッド」のようなことが起きやすいのです。昔、林に迷い込んだ旅人は宿を見つけましたが、宿主であったプロクルステスは旅人を鉄のベッドに寝かすのです。プロクルステスは、小さい体の旅人の時はベッドのサイズに合わせて体を伸しました。逆に、大きい体の旅人が来た時は、旅人はプロクルステスに足を切られてしまったのです。

このような杓子定規な態度に対し、曖昧表現を活用して日本語はバランスのとれた自然な表現を目指そうとします。その面で洗練された日本人においては、非言語コミュニケーションを好み、大事なことは非言語的に伝え、文章の行間を読むようにし、モノの授受や身振り手振りで多くのことがやりとりされるのです。ペチャクチャ、ベラベラ、ペラペラと言うように、饒舌や雄弁が否定的に捉えられ、言語不信が蔓延して、「沈黙は金」と無口が高く評価されています。また「口が上手」であることは聞き手の羨望や嫉妬を刺激して、「口先だけ」に対して根強い抵抗を生み出すことも知られています。

こういう抵抗や自己保存の傾向が根強いので、言語的治療である精神分析に対し、非言語的な媒体を活用する芸術療法、絵画療法、箱庭療法などが、自然と注目され活用されるようになったわけです。日本人の臨床場面が重症例を取り扱うことが多いという事実に関わることですが、言語的治療では、象徴形成の問題に障害を持つ精神病者の「言葉の上滑り」問題が際立つのです。臨床でも日常でも、気持ちや意志のやりとりに際し、非言語的なモノや造形物の方が象徴としての手応えがあり、「上滑り」にさせない固定性などの点から評価されるはずです。その上、重症例の臨床では、話が「お話にならない」という事態への対応を問われ、混乱を加速する言語化よりも、そのような言葉を使用する「私」が「いること」を「支えること」「抱えること」という、言語化以前の支持的で保護的な対応が第一に求められることになるのです。このようなことは、私は私なりに拙著『覆いをとること・つくること』において示してきました。

情緒の問題と使い分け

言葉化に関して曖昧さや言語化以前の対立項として議論され、とり残されやすい大きな問題は情、あるいは情緒、感情であり、非言語的交流とは情緒的交流や身体的交流を中心に含むものです。そして言語的交流 vs. 非言語的交流という日本人に共有された対立図式を日常で例証するのが、建前と本音、義理と人情と言うように、その二重性が人格内部に構造化されているという事実です。そこでは、建前より本音の方が本当であるとされやすいのですが、公的には本音は聞けないとすれば、表明される建前も貴重な情報源です。また、この本音や情緒的表現は建前や言語的で論理的な思考と相容れないことが多く、表では恥の心理で隠されることになりやすいのです。この二律背反の理由は苦痛や情緒的なものであり、それは根強くて、一本化の課題はなかなか解決しないし、むしろ、一八一頁で示すように、二重並列で二本立てのコミュニケーションが主流なのです。つまり、言語的交流と非言語的交流が二重に生起していて、同時に使用され使い分けられたりすることになるのです。

これは言語的にもデスマスによる話し言葉とデアルによる書き言葉が使い分けられ、場や関係性に応じて自分の呼称も変化し、二人称の代名詞も変化するのです。このように「私」は「ぶれる」ので、時に無構造、無規則、無原理のように見えますが、これらの使い分けの多くが葛藤回避や相補性、あるいは場の論理というような合目的性、規則性に従っています。そう考えれば、本書の第8章で示すような、二重のコミュニケーションや態度の使い分けが、何から逃げようとしているのか、何を成し遂げようとしているのかも見えてきます。

先ほどから述べていますように、私たちは「あれかこれか」の明確化や一本化が強いられると、そこで取りこぼされるモノへの愛おしさや一本化の不完全さが気になり、「あれもこれも」の使い分けや曖昧化という防衛でその全体性が回復されることを喜ぶのです。しかし、「あれもこれも」が過ぎるならば、二股をかける自己感情に矛盾感や嫌悪感が伴いやすく、これを動機づけにして「折り合い」をつければ一本化も可能でしょうし、そこは、対立する本音の物語と外向きの建前の物語が織り込まれて、第三の物語が生まれる可能性もあります。当然ながら、以上の作業が時間のかかるプロセスだということもわかってもらえるところですね。

4　治療者論として「引き裂かれないこと」

治療者の矛盾

悲劇の主人公たちは、醜いものに耐えられず、自らの傷つきや愛する人の死が露呈する時「生きるか死ぬか」の二者択一で、潔い選択をして去ろうとし「別れ話」という懲りない反復を繰り返すかもしれません。その悲劇的な終わり方は読者を感動させ、生き方まで支配します。ところが、この長年不変であった別れの悲劇を、時間的にだらだら継続する人生に変える治療論のためには、まず治療者が自ら「死にかけながら生き残る」という矛盾した姿を引き裂かれないで引き受けねばならないのです。そして、そこでこの見にくい姿を露出し、ただ恥じて去っていくわけにはいかないのです。治療者は患者のニーズに応じてしまい消耗するのですが、「治療者＝〈つう〉」論では、「傷ついた鶴」だという評価を押しつけられても、「鶴なのか人間なのか」の二分法で引き裂かれないで、この投影を引き受けて、治療者側の「人間でありながら鶴」だという形で生きることが求められます。

その起承転結

『夕鶴』の話を使うなら、現代精神分析物語の定番は、世話役として去っていかない〈つう〉が〈与ひょう〉を変えると言うのです。その段階論では、物語を変えるのは起承転結の「転」であり、去っていかない〈つう〉であり、「転」のきっかけは治療者の逆転移の自覚、患者から学ぶ、治療者が患者に代わって内省することとして論じられています。「病者」とは、表の治療者役割の、また裏側にも存在するのです。分析治療とは双方にとって、裏と表、内と外というような、矛盾の危機をこなすための機会なのであり、これを分析的治療の段階的展開として再度説明しておきましょう。

そしてこれまでは、「治療者＝〈つう〉」の議論が中心だったのですが、治療者＝〈与ひょう〉の場合も、同じような段階を踏むことになります。この場合の〈与ひょう〉という男性主人公は、神話の父神イザナキに相当すると考えた方がわかりやすいでしょう。神話では、無自覚な男性主人公は、禁止に違反して不用意に覗き込み、見てしまった母神イザナミのあまりの醜さに耐えられず逃げ出してしまいます。それで、「恥をかいた」と言って母神は父神に対して怒り狂うことになるのです。

この神話は、起承転結で考えれば、起で出会いと結婚、承で母神の死と父神の悲しみ、転で犯禁と露呈、そして父神の逃避、結で再び別離という展開ですが、この場合も見る側である父神が「転」で逃げなければ結末が変わるでしょう。しかし、このような「別れ話」の台本が広く流布するところで、どうしてもセラピストは悲劇の登場人物の役割を押し付けられることが多くなるのです。臨床の物語展開におけるクライマックスで、治療者なのに患者であるという矛盾が際立つわけですが、そこにおいてこそ動揺しながらも引き裂かれない治療者の柔軟な心が試されることになるのです。「見にくい」イザナミとは、生と死の間で死にかかっていたのであり、おそらく中間的な、矛盾した状態だったと私は思うのです。

治療的ダブルバインド

以上は、治療の危機について順調な経過を書いたかもしれません。あらゆる治療に、患者を苦しめるような矛盾するところがあるのです。豊かに産出するのに傷ついていたという〈つう〉の矛盾こそ、〈与ひょう〉が立ち尽くしたところです。患者を良くするはずの治療者でありながら、患者のように病むという可能性を引き受けています。「良薬口に苦し」の矛盾は精神療法でも精神分析でも、当然視されなければなりません。治療者は中立であろうとしても結局はぶれる存在であり、動かないと言いながら動いてしまうものなのです。

『劇的な精神分析入門』において「発話させる力」として論じたことですが、そもそも「出演しながらの観察者」であるという分析的セラピストは、話や関係の相手（第二者）として参加しながら第三者としてその台本を読み取ろうとしており、出演者でありながら観察者であるという矛盾は本来的なのです。また、精神療法家でなくとも、平均的な精神科医は、分類診断と個別の人間理解の両方を行い、客観的な科学者でありながら主観的な文学者なのです。

さらに精神分析固有の矛盾としては、自由連想の不自由と自由や、権威的関係があるのに対等が望まれ、助言を求めているのに簡単に与えられないし、カウチを使用する自由連想法では眠る姿勢で覚醒して言語化しろと言うのです。一般に言っていることがやっていることになり、やっていることが言っていることになるという「言事一致」の場合は感動が生まれるかもしれませんが、逆に分析治療では理想と現実はなかなか楽観的に一致しないのです。そして何よりも、セラピストは健康かもしれないのですが、病んでもいるのです。

他方、統合失調症、境界パーソナリティ障害、強迫神経症の患者たちは、こういう矛盾や不一致、そして「ぶれ」や「あやしさ」をうまくこなせません。それで、時に良い治療者が失敗するという矛盾、患者を誘っておきながら拒否する、というような矛盾、それが患者の複雑な思いの標的となり、なかなか納得してもらえないことになるわけです。対象関係理論のW・R・D・フェアバーンの言葉を使えば、セラピストが興奮（exciting）させておきながら同時に拒否的（rejecting）なので、全体として矛盾しています。そこに向かって、態度や情緒を両極端に分裂させるパーソナリティの持ち主たちが、そして患者たちが挑んで来るのです。これが「発話させる力」をもち、人々に、反応させ、ああだこうだ言わせてしまうのです。

とくに、パーソナリティ障害は、対象関係の分裂と、投影同一化が病理の特徴です。これが過剰に起こると、さらなる発症や悪化につながることがあるのですが、また、これを通して（自然）治癒の可能性もあるわけです。このような治療的矛盾の意義を発見したG・ベイトソンらの卓見は、そこで治癒と発症とが隣り合わせになっているという事情を明らかにしたことにあります。病的なダブルバインドを治療的にすることにより、対象全体が興奮させる良いものと拒否的な悪いものの両面からできている矛盾をこなして納得する機会となすのです。これを単純化するなら、矛盾をすべてにしない、否認しない、長期化させない、語りあう、降りてもいい、というようなことになるでしょう。こうして、セラピストが「評価の分かれるところ」で「ぶれる」ことこそが生き方であり考え方であり、治療的メッセージであることが示されましたね。矛盾した事態に関する具体的な言葉の使用については、精神神経学雑誌の小論「心の物語の紡ぎ方」（北山、二〇〇六）が参考になると思います。

5　さいごに

人間は、〈つう〉と同じく動物ですが、人間であることをやめられません。そして生死の間で生きながら片足を棺桶に突っ込んでいる私たちも、多かれ少なかれ病人であることを認め、必要に応じて依存し、迷惑をかけ、世話や治療を受けねばならないのです。つまり「見るなの禁止」が破られた後に、〈つう〉も〈与ひょう〉も両者が留まりその傷が癒されるという展開を持ち込むことで、物語は変わるのでしょう。それは〈つう〉の病室、治療室を構想することであり、治療者自身の病室とは、役者の楽屋に相当するのです。このような劇的観点により治療者の舞台と舞台裏の区別をはっきりさせて、セラピストが治療をうけるための「精神分析のすすめ」が私の強調したいことなのです。

さらに、この小論で示したかったのは、私たちの臨床が日本語や日本文化によってどれほどまでに影響を受けているかということです。それを無視する態度も大きな影響を受けていることを示す

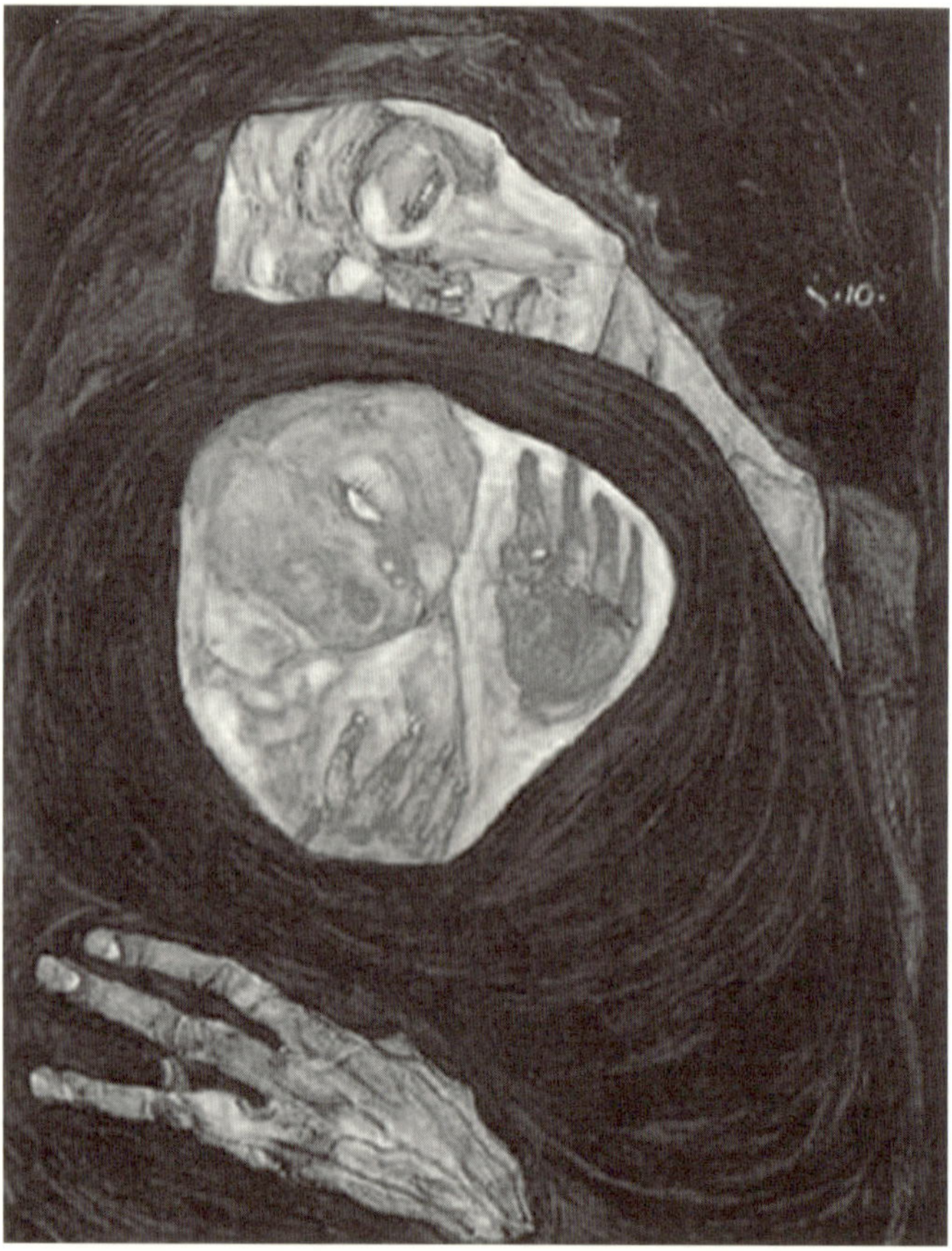

エゴン・シーレ「死せる母」

ものですが、それを受け止め、その事実について考えることが私の提唱する「日本語臨床」なのです。ただし、ここで扱った素材が日本語や日本文化が中心で、読者にそれが馴染みであったとしても、それが日本語論、日本人論に終始するとはとても思えません。死んだ母親に抱えられて赤ん坊が育つという表裏のある空想の広がりは、例えばこの最後に掲げる画家エゴン・シーレの「死せる母」の、生きることも死ぬことと隣り合わせだという二重性に描かれている通りで、ここはこの絵で終わることは適切だと思うのです。

Ⅱ

臨床に沈む

第４章　非対面法のすすめ――「見にくさ」という問題

１　はじめに

　私の専門である精神分析療法の設定の特徴の一つは、治療者と患者、セラピストとクライエントが互いを見ないことにあります。それは、精神分析の方法である自由連想法の姿勢、つまりカウチ（寝椅子）で横になることを想像してもらうならすぐにわかることでしょう。被分析者は、外的世界をよく見なくともよいのであり、主に心の内面を見つめるのです。つまり相手が見えなくて外的な情報が与えられない分、顔色をうかがわなくなって、抑圧の壁をこえて自己の内容が開示されることが見込まれるのです。

　そして分析者が姿を消し自己を開示しないからこそ、被分析者の内的世界の分析が可能になってその自己開示が促進されやすいのでしょう。しかし実際には、様々な要因からこの目論みは失敗するのですが、そのために私たちもまた失望し、動揺し、考え続けねばならないのです。

そしてもし相手が見えなくなると、人々は何を考え始めるのでしょうか。何を想像し、何を空想し、何を邪推するのでしょうか。被分析者はあれこれ勝手な想像を膨らませて自前の空想を展開し、分析場面には、それまでの体験の積み重ねや過去の記憶、そして想像、錯覚、憶測、幻想の類いがどんどん持ち込まれてくるかもしれません。だからこの設定は、ふだんは現在の現実に圧倒され隠された主観的体験、つまり主観に満ちた内的世界の分析に向いているというわけなのです。

曇った気持ちで空を見上げるなら、青空ですら曇って見える。その曇りが主観であり、心の色メガネの色となるのですが、精神分析ではその色が際立って、やがてはふだん気づかぬ自分の目の曇りや色メガネの色を知る機会となるわけです。だからこの、相手が見えない治療設定で生まれる想像とは、正確で建設的なものとは限らないし、迷妄もあれば、遊び、偏りもあるでしょうし、精神分析の設定で人はさらにさらに主観的になり「発症」「悪化」することもあるのです。

2　見えないものを見る

臨床的には、よく視線恐怖、対人恐怖における見ることとの病理学が論じられますが、医者の「診る」も看護士の「看る」も、「みる」と読ませて我が国の臨床行為を描写するのです。しかし、心の臨床では、心は見えないのですから、見るというよりは、自分が相手に心というものを想定し、その心を想像するというのが仕事の基本でしょう。日本語では「うら」が心のことを指すのですが、この「裏を読む」逞しい想像力がなければ、不在のもの、未知のもの、不可視のもの、向こうにあるものは把握できないはずです。だから想像は、心の目として像を想うだけではなく、心の手としてこれを伸ばし、触れ、手にとって眺め、まさぐり、撫でまわして、対象を把握するというわけです。

科学は、この想像的把握の主観的で不正確であることを嫌い、想像的思い込みを警戒します。だから、想像だけでは何も確信的なことは言えないし、それが被害的なものだったり、破壊的な邪推のようなものだったりすると、想像は当人や相手を苦しめるのです。そしてこういう自らの破壊的な邪推や「痛くもない腹を探る」という傾向を反省することは一つの達成であり、自己についての分析で得られるこうした反省や洞察は、私たちの色メガネの偏りを少なくし、落ち着いたものにすることでしょう。そして想像的把握には「想像に難くない」という確信が伴うことがありますが、よく言う「想像を絶する」という表現で限界をも正直に認めるのです。

自らの色メガネの色を知って正確な想像力を得るためには、いろいろ想像を逞しくしておいて、同時に、これを吟味し反省するための場と相手が必要であり、それが「心の臨床家が受ける訓練分析」なのです。心は見えないからこそ想像せねばならないのですが、相手が見えないからこそ精神科医や心理臨床家に反省的な想像力が求められ、訓練分析や自己分析による反省意識を通して初めて正確なことが把握できそうなのです。つまり、そうしてふだん見えない光景を垣間見ながらも、邪推や色メガネに関して自己反省する時、貴重な「洞察」「気づき」の可能性が生まれるでしょう。

ところが精神分析をはっきり希望されてきた人であっても、横になって受けるという精神分析の設定を、意外に、あるいは不可能と思われることが多いのです。つい先日も、本で精神分析を知って希望して来られた患者さんが、私がカウチを指し示して横になって治療を行うものだと説明すると、すぐさま「できない」と言われました。この方は、人に触れられないという症状をもっておられましたし、幼い頃よりその傾向はあったのですが、最近の家族関係の悪化で症状は悪化していたのです。話を聞いていると、彼女が触れられないのは人間の情緒や欲望といった生臭い領域のすべてで、多くの対人関係場面で問題や困難が生じるのであり、診断は社交恐怖（social phobia）と言っていいのでしょう。

横になれないという抵抗に対して、それではお互いにやれない、お引き受けできませんね、という話になりかけました。しかし「私ってどうしてこうなんでしょう」と姿勢を正して語る彼女に対して、私が「横になると、頭が下に下がり、首から下のものが浮上するからでしょう」「きっとあなたは、自分の首から下の体という生臭いものに対して、いつも頭を上に重しのように置いておきたいからではないか」と解釈したところ、「なるほどそれはよくわかる」という反応を生み出しました。結局のところ、逡巡されましたが、後日納得したということで、横臥の姿勢で精神分析を受けられることになりました。

我が国では歴史的にこのカウチ使用の自由連想法は、多くの理由で抵抗されてきました。その一つが、相手が見えないことに由来するもので、不安が増強するからだと思います。例えば、見える相手の顔色をうかがっていないと話ができないというようなことが問題になるのです。次いで、今紹介したような、横になると無防備になるから、というようなケースの問題です。精神分析の設定は、第9章で言う「ゆ」の心境を考慮する、ある人たちには退行受容的なものであり、横になって眠る姿勢は夢の世界に近いのです。また、かつて流行した感のあった退行促進的な治療については、その総括もないままの現状ですので、姿勢の「緩さ」の意義は退行受容的だと言っておきたいと思います。

しかし、相手が見えない分だけ想像せねばならないということで、抵抗のある場合ですらその個性的な空想や想像の分析素材として活用できることがあります。また、これを行う精神分析医も、見られていないし見ていないので、想像的空想的になるのです。自由連想法は、現実的な交流というよりも、空想や想像を入り交じらせて行う相互交流の方法なのであり、患者だけではなく、これを行う医者の側もそうなのです。

3　治療記録の中の「私」

さらに、精神分析における想像的（イマジナティヴ）な側面、そのことを示すために、どうしても引用したい有名な精神分析の症例があります。これはフロイトの症例であり、中身を聞いてもらえればわかるのですが、精神科医の私的なイマジネーションを正直に語られるのでプライヴァシーに深く関わります。普通は、公開のプレゼンテーションでこれを描き出すには、ちょっとした工夫が必要なところなのです。

それは、通称「ラットマン（鼠男）」と呼ばれる患者の分析治療の記録を踏まえていて、私たちがドイツ語から邦訳したものです。フロイトが遺した唯一の精神分析の記録だと言ってよく、精神分析治療を行う者にとって貴重な資料です。理由は不明ですが、実はフロイトは公刊の臨床論文を仕上げると、その貴重な原資料であるはずの治療記録を破棄していたのです。その中でこの「鼠男」の治療記録だけが残り、フロイトの死後ロンドンにあった書類の中から発見されたのです。この記録の存在と内容は、J・ストレイチーが編集・翻訳した英語版の「オリジナル・レコード」として広く知られていましたが、今では独語版の全集と、また独語記録を直に解読し仏語訳と共に発表したエルザ・リベロ・ハウェルカによる通称「ハウェルカ版」という二つの独語の記録が入手可能です。

これは、私たちが上梓した『フロイト全著作解説』の解説でJ・ストレイチーが述べていますように、フロイト自身の「技法的な細かな仕事ぶりを観察するまたとない機会を与えてくれる」のです。つまり、私たちには公開されていなかった、カウチの横に座る私的なフロイトが見えてきます。またそれが自宅で行われているだけに、表舞台で見えることを意識し格好をつけたフロイトではなく、楽屋裏の見えないフロイトが見えてくるのです。

さて、患者エルンスト・ランツァー氏は二十九歳の法律家です。子供の頃より強迫観念や強迫行為に悩んでいました。強迫観念はいろいろで、父親や恋人が死ぬのではないかという不安、眼鏡の未払いに関しての雑念、また東洋の一種の串刺し刑で肛門から鼠を入れるという刑罰に関するものがあり、この鼠刑の空想で、ラットマンという愛称がフロイトによって付けられました。

そして、分析治療は一九〇七年の十月一日から十一か月行われ、症状は消失しているようなので成功例と言えるでしょう。その記録そのものに入る前に、一九〇九年に発表された学術論文「強迫神経症の一症例に関する考察」において、フロイトが何を主張したのかを知っておきましょう。論文に出てくる著者は、持論のエディプス・コンプレックスを発見し証明しようとして、実に直線的に進んでいます。最初から最後まで、恋人など欲望の満足の対象となる系列、その満足を邪魔する弟・大尉たち・父親たちの系列、さらにランツァー本人を含めた欲望の権化である鼠の系列という三角関係を徹底的に分析しています。患者の話は、三隅が置き換えられながら、そしてあっちこっちにひっかかりながら、たえず問題のカタチは三角関係をめぐって展開しており、分析家はその三角関係を生きる患者として問題を焦点づけ整理していると言えます。

彼の理解は、こういうエディプス三角の中の父親像への憎しみ（あるいは愛憎葛藤）、そしてそれに伴う恐怖（そして罪悪感）をオリジナルの外傷体験としているのです。つまり、母親と結婚したかったのに父親に妨害されたという三角関係が原点であり、症状悪化のきっかけとなったとい

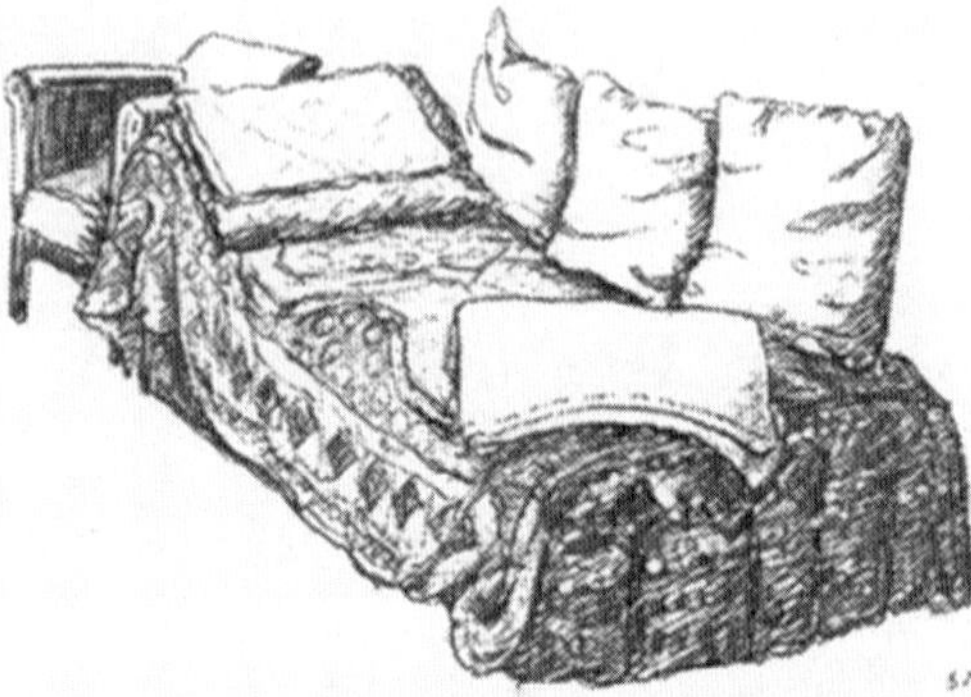

フロイトの寝椅子（画：前田重治）

う、成長してからの結婚計画においても妨害者としてその父親像が強く作用し、同じ葛藤や苦しみを反復させているのだというわけです。

ところが実際には、父親はこの受診の時までに死亡していましたが、死んでいるのに今も父親が死ぬことを心配しているのです。この「死んだ父親」にこそ本来の愛憎と罪悪感が向けられねばならないのですが、患者はそれには知らないふりをして、殺意は、愛する婦人や、現在死んでいるのに生きているように扱われる父親、そして自分自身に向け換えられています。さらに、治療関係の中の空想の三角関係として、フロイトの娘と結婚したい鼠男の分析者への愛憎として結びつき、妨害者フロイトを罵るのです。分析治療は、こうした転移の理解を通して「死んだ父親」、つまり「空想で殺した父親」への殺意と罪悪感を自覚することに向けて進められていきます。

4　治療記録の「私的なフロイト」

しかし、公開された治療記録を読んでみますと、それまでの論文では見えなかった、趣の異なるフロイトが見えてくるのです。まず気になるのは、いつこの記録はつけられたのかということでしょう。たいてい、治療のあった日の夜、彼はセッションを思い出しながら書いているのです。自由連想法による分析セッションそのもので1時間かけておいて、その日の夜に治療記録をつけ、眼前に患者はいないところで「何があったのか」思い出し、そして空想し、想像しています。その記録の中で記録者は、時間をおいているので、彼は今や眼前に見えない相手を空想しており、あれこれイマジナティブに患者を描写し経験するフロイトがここにいるのです。

例えば、フロイトは、ランツァーの恋人ギゼラ・アドラーと同名のギゼラ・フルスという女性と思春期の時に恋に落ちたことがあり、十一月十八日の治療記録では患者の口から語られた名前が“Gisela Fluss!!!”であると記されます。記録には、感嘆符を三つも書いて、驚いていることが示されるのですが、自分の恋人の名前が患者の口から出たことでフロイト自身が狼狽し、それを聞いて興奮しているようです。ギゼラ・フルスの名はフロイトの書き間違いか聞き間違いである可能性があり、患者の話を聞いてフロイトがどういう精神状態になったかが垣間見えるところです。

正に、分析医も患者と共に自由連想を行っているると言ってよいのですが、P・マホーニィは、この二人の間では相互の同一化が起こっていることを指摘しています。実はこの分析治療を経て患者は恋人ギゼラと結婚することになるのですが、別のギゼラと結婚できなかったフロイトは、患者を結婚するよう導いていたようであり、恋人選択における患者と医者の同一化が起こっているところでしょう。普通カルテに自分の初恋の女性の名を記す人はいないでしょうが、この公開されないはずのノートでは、フロイトが空想の中で、患者の恋人と自分の初恋の相手とを私的に同一視し、自ら患者と同じ立場に身を置いていると考えられます。

この相互の同一化の背後にあることとして、二人の間には、ユダヤ人という人種や出身地などの一致だけではなく、両者の親との年齢差が二十歳に近いこと、二人とも七人の子どもの家族で、女の子が五人、男の子が二人と……数多くの類似点を挙げられるのです。その延長上で相互に多大の共感・共鳴を生み出したようですが、それが分析の盲点となっている可能性もあるのです。また、貧しい花嫁と金持ちの花嫁という鼠男の選択の悩みは、患者が家族から受け継いだ葛藤であり、貧しくて開業を余儀なくされたフロイトにもあったと想像できるのです。

さらに、この記録には患者とのやり取りの多くが間接話法で書かれていることが、同一化のプロセスをさらに促進しています。間接話法による記録では、患者の発言の中で治療者は「あなた」ではなくすべて「私」になり、実際の治療場面よりも、治療記録ではフロイト自身の「私らしさ」が混入するように思います（しかし、日本語の翻訳では間接話法が非常に訳しにくいので、直接話法に置き換えるしかなかったところが幾つかあります）。

ついでながら、申しておきますが、言葉だけの交流が中心で中立性を保つことを大事にするはずのフロイトが、そこから逸脱する姿が治療記録には登場します。また彼は、ゾラの本を与えて読むようにすすめたり、患者に食事を出したりしています。そして、私の訳した書簡集では、我が国の古澤平作との治療料金の交渉で、25ドルから10ドルへ料金の値下げを提案するフロイトが登場します。他にも、中立性とか「フロイト的治療態度」と言われ、治療構造の堅持が彼の特徴であるはずなのに、公的に言っていることと「私的臨床（プライベート・プラクティス）」でやっていることが矛盾するのです。

そして、この公私の矛盾には、首肯すべき大きな理由が二つあるのです。第一に頑で固い「フロイト的態度」というのは、治療構造を破壊する他の治療者たちに警告として表明されているのだということと、第二に公人フロイトの言説を真に受けて金科玉条のごとく純化し結晶化するのは後の追従者の仕事だということなのです。そして当然、このフロイトの矛盾や不純は、患者の思い、つまり空想のターゲットになり、患者を混乱させています。人は、そういう矛盾や不純を補まえて、ああだこうだと言うようになり、とくに矛盾は「発話させる力」をもつのです。だからこそ私は、未分化な不純は重要であり、精神分析の治療構造もまた人間臭いものだと思うのです。

5　公私の重複領域

患者の空想の中でフロイトの家族が「汚される」ところを記述する際、フロイト自身が家族ぐるみでこの患者の「想像にまかせて」いて、その「汚い思い」の受け皿となっていたことがわかるのです。公私が重複する、その「分かち難いところ」の意義が示される第30セッションの記録を引用しましょう。

> 彼は私に対してかなりいらいらをつのらせており、それは、もっぱら耐え難い苦痛とともに吐き出される罵りの言葉となってあらわれる。私が鼻をほじくると言って非難し、握手しようともしない。こんな汚い豚野郎には徹底的に作法を叩き込んでやらねばならないと思っているようで、私が彼に葉書を送ったことや、そこに「親愛なる」と記したことを、あまりに馴れ馴れしい振舞いだとみなしている。どうやら彼は、従妹のかわりに私の娘と結婚したいという空想上の誘惑に抵抗しているだけでなく、私の妻や娘を侮辱したいという思いとも闘っているようだ。〔ここに生じている〕転移がいわんとしていることを露骨に表現すれば、「フロイト夫人よ、俺の尻をなめろ」ということだ（上流家庭に対する反感）。また彼は、私の娘の両眼が二つの汚物のしみに置き替わっている姿を見る時もある。
> （傍点筆者）

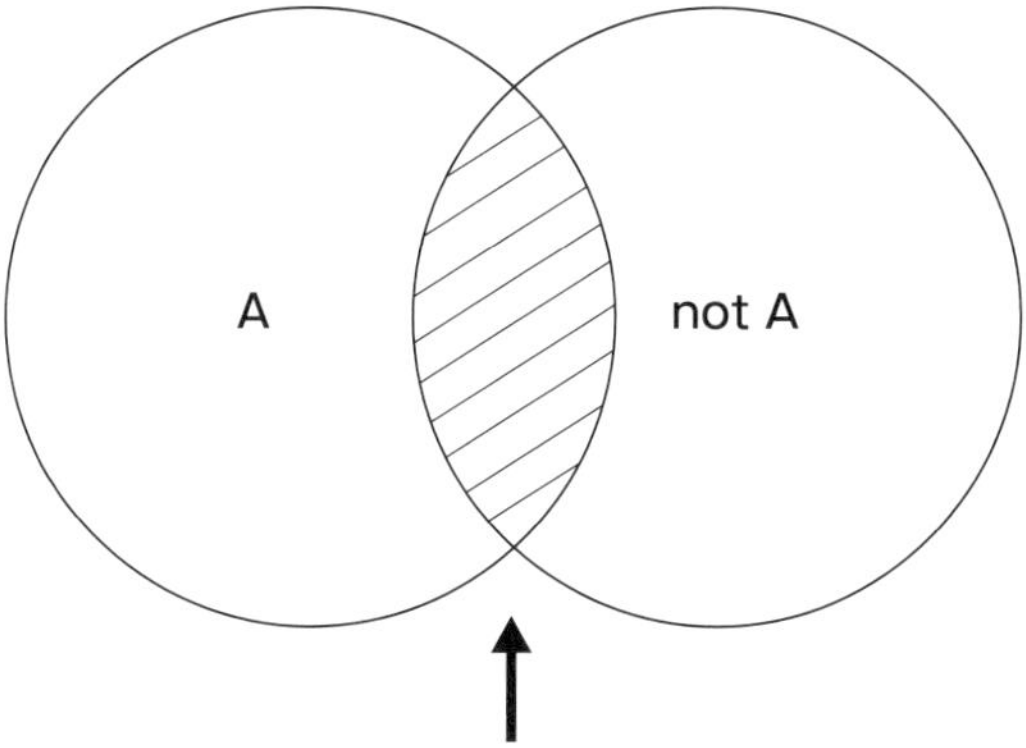

以上のように、文中に「私人」フロイトやその家族が登場し、出演しているのです。幼い頃、言いたいことが言えなかった患者、そして権威的な人物に対して服従していたランツァーにとって、それがフロイト一家に向けてぶつけられたことは進展でしょう。そして留意すべきは、これは非対面法でフロイトと面と向かわないところで言えたことであり、自由連想の中での悪口雑言なのです。

周知のごとく、この治療は彼の自宅にあるオフィスで行われました。患者はフロイトの家に迎えられ、そこで得た面接室の周辺によって患者の思いは抱えられたのです。つまり、面接も記録も自分の家で行われ、その私生活と臨床活動の間には二つが緩く重なり合う重複領域（図参照）があり、そこで妻や娘アンナと患者とが出会うことがあったのでしょう。このAであってAでない領域こそ「分からない」時空で、この不純なところにフロイトの母や愛娘アンナ・フロイトも登場し、フロイトとその家族は、"Schmutzige Ubertragung"という独語、つまり「汚い転移、（英）dirty transference」（十二月十二日のセッション）と記されたものの受け皿となり、衝動を向けられ続けるのです。そしてフロイトの「私」は、娘と結婚したいと思う患者に自分の娘の目が汚物で汚されても、その話を聞き、そして夜な夜な記録を書き続けます。こうしてフロイトの家と治療記録は、患者の想像の中で「汚い思い」の捌け口や受け皿のようになっています。

もちろん、このやりとりは、現実的ではありません。再三強調するように、相手をよく見ていないところでの、転移の中の交流であり、イマジナティブなやりとりなのです。記録に、彼は本当にわかりにくい話をわからないままに書いています。以上のような情緒的交流のただ中で、フロイトが動揺しながらも何とか冷静さを保って考え続けるのです。投薬を受けない患者の、未消化な回りくどい話が回りくどいままに記録されています。この未消化なものを抱える包容力がまず先にあって、その毒気に当てられて興奮しながらも、フロイトが冷静に理解しようとしているところが治療的なのだと思います。つまり、彼の「私」は個人感情と職業意識の間に立って、このややこしい話に対して関心を持ちながら、話の「置き場所」を提供し、耳をかして考え続けました。そのフロイトの「置いておく力」と、フロイト自身を支える家族的な包容力によるところも大きいと思うのです。

患者の想像や空想に取り入れられたフロイトの母親、妻、娘が侮辱されても、この分析家はこれを患者の空想や想像として受け止め、転移であると理解し、外的現実の対象に向けられたものではないと考えています。そして転移という理解を伴っているからこそ、家族に触れられた分析者は内容を真に受けていないようです。そして、言語化され、理解されているので、あまり行動化を恐れないでいられるとも言えるでしょう。こうしてその「置き場所」は「置いておく力」と共に、治療的に機能するのです。これが精神科臨床で転移という概念がもたらす、もっとも治療的な貢献の一つですし、本症例の記録こそ精神科治療における歴史的な転換点を示した記念碑的な記録となるところでしょう。

このような治療者と家族を中で巻き込んだ空想や想像については、公開された記録そのものが少ないし、その記録があってもなかなか発表されないものでしょう。しかし、互いに目に見えないと、相手のことを空想し想像するしかないのですが、それが分析治療を受ける中の少なくない数の患者や精神分析医のリアリティなのであり、特に分析的治療者たちがこのレベルの交流を行っているのです。もちろん、自宅で開業する分析家は今の日本では少ないと思いますが、公私が重なり合う重複領域こそ被分析者の投影を受ける場所であることには変わりありません。

6　想像にまかせる治療

さて、最後のテーマは「専門家の受ける精神分析」です。このように患者やセラピストを「イマジナティブ」にする治療について、最後に臨床的専門家が受ける精神療法、精神分析について話しておきたいと思います。私のような立場になると、同業者の治療を引き受けることが多いのですが、日常的に出会いながら同時に治療空間を形作り、その重複領域で多くの空想や想像を引き受けます。学会で会うこともあり、クリニックの玄関で知人同士が鉢合わせすることもあり、その周辺では被分析者だけではなくその関係者を含む様々な人たちが、私や治療のことについてああだこうだと言います。治療は「評判」やこの著作物の読まれ方などにも影響されるのですが、これもなかなかコントロールできない領域でしょう。こういう時私は、まずは本人の「想像にまかせること」、そして実に評価は分かれるものだと自覚することこそが一番適切な態度だと思います。

また、臨床の専門家が精神分析を受ける時、便宜的に三つのあり方に分けられます。一つは、精神科的な問題があって受ける治療分析、次が、特に問題がなくても関心があって受ける個人分析（パーソナル・アナリシス）、最後に、精神分析家の資格を得るために受ける訓練分析（トレーニング・アナリシス）です。世に言う「教育分析」というのは曖昧な言い方で、個人分析と訓練分析が入り交じっているものです。

さて、引用する最後の症例は、治療のために分析治療を受けられた臨床心理学者の例です。プライヴァシー保護ゆえ大幅に修正して紹介するのですが、診断はうつ病でいいと思います。四十歳男性。既婚で、小学生になる女の子がいます。

来院のきっかけは、夫婦喧嘩で妻を傷つけかけて、自分の胸をはさみで刺したという事故から、落ち込み、不眠、臨床現場や研究所に通えなくなりました。与えられた課題がこなせなくなり、本も読めなくなり、無気力となります。やがてアルバイト先の病院で薬物が無くなることが続いて、彼が盗んだのではないかと噂になり、同僚の勧めで入院し、抗うつ剤を処方され、一年くらいである程度の回復を果たし退院しました。その後、外来通院を続けるところで、主治医からカウンセリングを勧められて私のところに紹介されました。

簡単に生活史を述べますと、ある新興宗教の、それでも多くの支持者を得ている教祖の次男として生まれた彼は、跡継ぎになることを期待されながらも、反抗し、文系学部に入学したのです。心理カウンセラーになることには、精神的なことを取り扱いながらも、非科学的な宗教に対し科学的な方法で臨むという意味がありました。逃げるようにして家を出、地元の大学を卒業した後は、全国的に有名な先生の指導を受けるべく、大学を渡り歩くのですが、最終的に師事した先生と口論となり、うまくいかず、再び地元に戻り勉強を続けることになりました。このような生活史からもわかる通り、そこには父親を求めては幻滅し、また理想の父親を求めて彷徨うという人生の反復が見られていました。

さて、この方の自由連想を始めますと、非対面法で私のことを見てないわけですから、生来の問題である「理想の父親」を求めているという反復が最初から出て、私がどんどんと理想化されていきました。その姿は私を見ていない分だけ、空想や想像に満ちていました。そして同じ話の繰り返しで、私が眠く困っている時も、彼は私が本当に話を聞いてくれる人として、万能の神のようにあがめたのです。こういう彼に、私の欠点を見ないようにしていることを幾ら指摘しても「そうですね」とまた受け流されるだけでした。この理想化された関係はあっという間に確立され、半年くらい続きました。

そして、天候が不順でも事故で交通機関が止まっても、何とか乗り継いで通ってくる様子は、まったく新興宗教の信徒のようでした。私の本を読んで、「先生はすごい」と賞賛していました。やがて、彼は、精神分析に関心を持ち、精神分析の勉強をして、精神分析家の資格をとろうと夢想するようになりました。私はそれを受容しましたが、もちろん彼は精神分析家の良い面だけを見ていたのです（この理想化についても、とりあえず「想像にまかせる」のは大事です）。

そんなある日、突然、この治療分析を資格取得のための訓練分析に切り替えられないだろうかと言い出しました。

そこで、私は最初に説明した通り、それはできないことであり、あなたが良くなって治療としての面接が終了した後に、改めて白紙に戻して考えると答えました。もちろん自由連想の中です。そして、もともと無理であることを無視して理想のお父さんに出会った気分でいたようだけど、無理なことを無理だと言う私にも出会う必要があるんじゃないか、と解釈しました。その後に続いた、求めているものは得られないという幻滅では、私とのすったもんだの連続となりました。

そこでは、「あなたは商売人だ。関西人はこれだからいやだ」「あなたは教科書通りにやっていない。甘やかされている」「もと芸能人の医者なんて信用できない」「あなたこそ病気ではないか」と言われるようになりました。私も内心では時に傷つき、時にはむかつきましたが、ああだこうだと言われるのが転移と逆転移の展開であると理解し、聞いていました。

ここで治療の報告はやめますが、私が申しあげたいのは、自由連想法だからこそ、この理想化と幻滅の中で、父親イメージが「想像にまかせて」展開し、それを言葉でぶつけ合ったことの重要性です。医者と芸能人の間の重なり合い、事実と空想の混交、そこで理想化と幻滅が起こり、その繰り返しに身を置いたことの意義を提示できたと思います。もし対面法で面と向かっているなら、理想化は語れたかもしれませんが、それからの幻滅体験はなかなかうまく語れるものではないのです。公私の中間で二つが重複する領域で、お互い会っていながら会っていないからこそ、想像や空想が鮮やかに展開する劇的空間が生まれる可能性が高まり、気まずい沈黙ですら抱えやすくするのです。それは近松の「虚実皮膜」という考えに近いでしょう。

7　さいごに――百聞は一見にしかず？

治療の最中の分析家は、まったくというわけではありませんが、それほど患者を視覚的に見ていません。患者もそうであり、治療者のことを空想し、想像しようとしています。私も、精神科医や臨床心理学者が患者としてやって来ると、私自身も自分がなぜ精神科医になったのかを考えさせられ、そして自分は彼や彼女に相応しい精神科医かと自問自答し、患者の悩みを自ら体験し、また誤解し、考え続けるのです。これだけのことが可能になるのは、やはり対面法でないからだし、患者の見えないところで患者のことを考えることが精神分析の治療者側の絶対的な特徴だと思います。

普通言われる対面法もまた、実際はほとんど対面法ではないのです。対人恐怖、視線恐怖が日本的とされる、そういう見ることが重視される文化の影で、非対面法という話題はあまり議論されてこなかったと思います。別に「横になることについて」（一九九〇）という報告で書いたので詳しくは述べませんが、私自身のこれまでの臨床経験を踏まえ、カウチに横になれない患者の状態を分類したことがあります。その項目の多くで共通していたのは、治療者が見えなくなることのインパクトの大きさでした。例えば、目の前から治療者が消えることが、そのまま対象喪失となり、分離不安を強め、被分析者を非現実的で被害的（パラノイド）な状態に陥らせる場合もあるのです。

自由連想法では分析家が目の前から不在となることでふだん見えないものを見させるために、被分析者の状態を悪化させる可能性があります。もちろん、それこそが自由連想法の方法かつ目的であって、比喩的に患者の傷つきを再燃させ、それを観察、分析し、その取扱いを考えるための機会にもなるわけです。そして、この諸刃の剣ゆえ、逆に潜在性の精神病に対する保護的な配慮として非対面の自由連想法を避けることもあるのです。だから、被分析者に対する事前の説明として、これは決して顔見知りになって楽になるための方法ではなく、時に苦しい方法となることを説明する必要があるのです。いや、それだけでは説明不足でしょう。治療者が見えなくなること、これが多くの抵抗や誤解をこれまで生んできたところであり、今ここで強調するように、被分析者を想像的にするという積極的意義を伝える必要があると思います。

想像は、「手元にないことを思い描き、推し量ること」という「ないこと」を思う活動でありながら、空想よりも現実離れしていないのです。空想や幻想には、思い描かれたものが幻や嘘であることが意味合いとして含まれますが、想像には「想像に難くない」と言う時には事実に迫る確信が伴います。そして「想像を絶する」という表現も、事実に迫ろうとしながらも及ばないという限界を正直に認めるのです。

私は想像の受け手として、痛くもない腹を探られ、穿った見方をされることに、ずいぶんと慣れてきたと思います。ああだこうだ、あることないこと言われるのが、あるいはそれを言わせるのがこの仕事なのでしょう。ここで私の言う「慣れ」が特別の意味をもつ日本語であることは、例えば私の監修した『日常臨床語辞典』（誠信書房）を見てほしいと思います。

こうして、「見えない心」を取り扱う心理や精神科の臨床では、見えたことや見かけにとらわれない態度が求められています。私についてもそうなのですが、「人は見かけによらぬ」と言う通りです。よく言われる「百聞は一見にしかず」は、視覚的把握の重要性を強調したものですが、これは常識的です。そういう常識的態度に対して真っ向から異義申し立てを行う精神分析が、自由連想法で互いに顔を見合わせない態度を提案したのは、ふだん見えないことに目を向ける臨床において、まったく理に適ったことだと思うのです。

第5章　症例報告——対象の表と裏、そして普通でいること

1　はじめに

読者の誰もがご承知のように、精神分析理論とエディプス神話は切っても切れない関係にあるようです。妻でありながら母親であった対象の二面性に直面し、その直面した世界の奇怪と汚辱に耐えられないエディプスは目を突いてしまいます。もちろん近親姦のタブーを破ったことが大問題なのですが、母親が妻であったという「真実」の発見が急激な外傷体験となった要因の一つは、実は母親がその事実に気づきながら、エディプスに後生だから見ないようにと禁止するところにあると思います。

実は物語では、世界の物事が実に多面的であることは、それ以前に何度もエディプスに対して示されているのです。旅の途中で出逢ったスフィンクスは、ライオンの身体、美しい人間の女性の顔

と乳房のある胸、鷲の翼を持つ怪物であり、この者が問う謎は「朝には四つ足、昼には二本足、夜には三つ足で歩くものは何か」というもので、その多面性を持つものは人間なのだというのが答えでした。そこでエディプスは多面的対象の謎を解きながらも、自分の洞察力に傲り高ぶり、次に出逢った妻のもう一つの顔を見抜けなかったところに悲劇の核心を読み取ることができるわけです。

私は、一切が多面的であり、表に対して裏のないものなど存在しないのだと考えます。例えば、私たちは原光景のショッキングであることを語りますが、その目撃は、自分のものであると思っていた母親が父親のものであったという、人間臭い二面性や奥行きのあることを知る機会なのです。しかしそれが早すぎて急激だと外傷となり、上半身の母性的育児と下半身や裏にある性的結合の二面性が、うまくこなせないという困難を我が子に課すことが注目されます。

ここで私自身の研究史を考えるなら、母親対象の裏と表の食い違い、人間としての表の顔と、裏の動物であること、これを見ることを禁止しているのが私の言う「見るなの禁止」（北山、一九九三）だと精神分析の文脈で改めて考えることができます。そして、これによる幻滅の問題は、表向き外に開かれながら裏では「つながっている」という、母子像の共同注視の姿や、群れてつるむ仲間作り、春画の中の男女の姿の二面性と重なり連動します（北山、二〇一二）。

こうして私たちは、そして私は、対象や現象の表と裏の二重性、食い違い、その結果起こる幻滅と裏切りを、日本的文脈でも、国際的文脈でも精神分析の主題として取り扱っていることがわかります。私たちは、その二面性が表裏なく出現するところを「汚い」「不純」「奇怪」「不気味」と感じ、不安になり恐れるようです。「分かる」の意味は日本語で「分ける」と重なる部分を持ちますが、分からない、つまり分けられない部分に、鳥か獣かに分類しようとして鳥でも獣でもあるコウモリが出現してしまい、コウモリの不気味さが出現します。そしてこの「分からない」領域の取り扱いにくさは、健康な者から神経症者、精神病者、そして発達障害まで、様々な形で表現され、だからこそ一般にこれを見ることが禁じられているのだと言えます。

私たちの患者たちの多くは、これらを急激に、質的に濃厚な形で、量的に限度を超えて見せつけられている、あるいはそのことがまったく否認されていると言えます。では、その分析的治療が成功し、複雑な事態を何とかこなせるようになると、その領域はどうなるのでしょうか。これは二〇〇五年「普通が分かるということ」（雑誌『臨床心理学』）というエッセィで私は逆説で説明し、『劇的な精神分析入門』（二〇〇七）に所収されました。また、十年前に学会で報告し二年前の症例報告集『覆いをとること・つくること』（二〇〇九）の中に収めた報告では、「オペラ座の怪人」の比喩で、怪人と求婚者との間で引き裂かれていた女性患者が「普通の男」と結婚するプロセスとして報告しています。この分析的経過を、「普通が分からない」のが「普通が分かるようになること」として示し、私は、心の安寧が増すとは、その内外にこの納得された普通が増えることだと考えるようになりました。もちろんその方向性は結果的に、あるいは本質的に「ヒステリーの苦痛をありふれた不幸 gemeines Unglück（英語訳は common unhappiness あるいは ordinary unhappiness）に転じさせること」（Breuer, J., & Freud, S., 1893-1895）と『ヒステリー研究』で言われたフロイトの「普通」にも合致することになります。

さて今日ここに示す症例は、どこを見ても汚い、見にくい（醜い）と訴えていた女性が、普通の美しさを発見する過程を示します。私が最近終結したケースで、今でもはっきりと覚えている部分が多くあり、それを踏まえて時間の許す限りマクロの視点で全経過を報告することにしました。ところどころは生々しい内容で、私自身や患者のプライヴァシーも語りにくいことが多くありますが、過日、スタッフに聞いてもらったらそれでもわかりやすいし勉強になると言われ、それを励みにしてまとめる決心をしました。［　］には、治療の後に気がついたことを書きます。

2　症例――最初の八か月の相談

患者は関東出身で、三十代の独身女性、一人暮らしです。初対面は私のいた某病院の外来で、知人の紹介を通してのもので、今から十年以上前のことです。彼女の職業は生物学の研究職で、プロジェクトの責任を引き受けるというストレスのもとにありました。

直接の訴えは、年長者と交際しながら「殴る蹴る」の暴行をしばしば受けていて、死にたいという慢性的な自殺願望を訴えていました。私とは、お互いに時間が合わず、特に患者が忙しくてきちんと定期的な面接が設定できない状態で、一、二週間に一度、対面法の相談が繰り返されました。同時に、職場の変更を希望していて、これがかなうと距離的な問題のために中断になる可能性がありました。

家族は、数年前に父親が死亡しており、それについても罪悪感を感じていました。母親とは、同居ではありませんが、小さい時より虐待されていたと言います。弟が三人いましたが、仲がよくありません。

見かけは痩せ気味ですが、過食嘔吐に伴い体重に増減がありました。色白でいつもきれいにしており、服装センスがよくて、おそらく誰もが好ましく思うようなタイプの女性でした。学生時代のニックネームもそうですが、今でも同窓生に「お姫様系」で呼ばれています。

彼女の言い方を引用するなら、いつも「こんな男」「こんな職場」「こんな人間」たちに「ひどい目に遭いながら」無力で対抗できないでいるようでした。それで現場で文句を言おうものなら「皆に私のことをわがままだと反論される」と言うのですが、話の態度は控え目で、話す内容も「傷つけられた」体験が多く、表面的にはあまり不平不満は言わず、わがままなところはまったくありませんでした。ネガティヴな心理は、むしろ、嘔吐や下痢で流され、治療室外でおろされていたという感じでした。

会って一か月くらいで出て来たテーマは、「いつまでもきれいで、美しくしていたい。大人は汚い、純粋ではない」で、「いつまでも子どもでいたい」という一貫した希望でした。ゆえに、治療の目標はその汚い思いや無邪気ではない考えを流さないで置いておけるようになることだという方向性を伝え、そのためには摂食障害の治療にも本格的に取り組む必要があると言っても、ピンと来ない様子でした。

次いで登場したのが、結婚したくないのは子どもを産みたくないからだという考えで、それは解剖学的異常の子が生まれるのが怖いからでした。彼女の言う解剖学的な問題とは眼科に関わるものであり、周囲に、特に昔恋人にそれをからかわれたという外傷体験を強調しました。解剖学的異常の遺伝の恐怖は実に根強く、時に客観的にはっきりした根拠はないのですが、妄想的な確信にまで至ることがありました。

しかし、一方で子どもを産みたいので治したいと言い、この目の問題は乗り越えたいが受容できない大きな問題でした。この種の飲み込めない矛盾した考えは、死にたいが、きれいに死ぬ方法がないので生きているわけで、しかし周囲は死んでほしいみたいで死にたくなるという、結論のない悪循環を形成していました。そして、信じていたものに裏切られるという不信感ゆえに、人間関係も職場も長続きしないということも語られました。

このように、問題のほぼ全貌は最初の数か月で語られたのですが、それはもちろん「吐いている」だけのことで、これで何か気づきが身に付いたとか症状が改善したというわけではありません。この体や心の未消化物を置いておけないという、「摂食障害」の背景に不安定な人間関係があり、その不安定な人間関係の起源が母親との「最悪の」関係にあることは共有されていきました。それで、これに取り組んでよくなりたいが、時間が合わず、職場が見つかり次第中断になるかもしれず、今は聞いて整理するだけという相談面接が数か月続きました。そこでは「母親は継母ではないかと疑っていた」「お前の性格が悪いから結婚できないと言われた」とか少しずつ攻撃的に言うのですが、怒りを自虐的に抱え込んで自己敗北的に生きるという物語が次々と語られていました。

仕事の課題が一区切り付き、「これで死んでもいい」と言い、自分が愛されない、価値がないと強調しました。しかし次のセッションでは、気分が良いし、転勤が決まり、やはり私たちの面接も中断になることが確定しました。今記録を見ると「母から体罰を受けている時に、〝お前なんか、欲しい人にあげてもいいんだ〟と言われた」ことが記されています。また母親が患者を嫌うのは、そして母親が弟を愛しているのは、「死んだ父親が患者を溺愛したからだ」という三角関係を語り、リセットしたいと泣いていました。そして母親に二歳と三か月の時に「捨てられた」思い出を語りましたが、これも私たちの別離と関係があったのでしょう。いつも、ずっと一人であったことが、繰り返し述べられていました。

転勤後も治療は続けたいという希望を述べられ、私はそれを引き受けたいという気持ちを抱きましたが、現実的になって、夜も精神療法を受けられる可能性のある開業クリニックを勧めることにしました。症状は変わりないが、「死にたい」という厭世的な気持ちになることを第一に何とかしたいということでした。こうして、出会って八か月で相談面接は終わりを告げ、最後に私は彼女と話し合った幾つかのテーマを整理して伝えました。

3　治療経過――幻滅と裏切り

　さてその五年後、ある年の暮れ、久しぶりに連絡があり、彼女は、私の個人クリニックにやって来ました。四十代になり、もう一度悩みに取り組みたいという様子でした。五年の間は治療は受けず、一年ほど仕事を休んだのですが、その後再就職して故郷から遠く離れ一人暮らしでした。過食嘔吐は少し治まり、母や弟にひどいことを言われて死にたくなるというのが当面の問題でした。目の問題は相変わらずこだわりがあり、これには触れないでほしいということでしたが、私は前の経験から、これに取り組まないとやはり中核的問題は解決しないことを強調しました。最初から述べられたのは、「希望は何もない」が、どうなりたいかについては「強い大人になりたい」ということでした。また、「父親の死を乗り越えられていない、ここで先生に捨てられたらどうしよう」「先生に会わなかったら死んでいた」と泣くので、私は、私との別れの可能性と父親の死がだぶることを理解し、これを指摘しました。

　翌年、三月、対面法による診断面接の最初から、彼女の幻滅と裏切りの体験が語られました。例えば、それは、私の感覚ではとても些細なことを大げさに言っているように聞こえました。また、一人ぼっちであること、それと二歳三か月の時に、バス停に連れて行かれて、ずっと母が迎えに来なかったという「捨てられた」エピソードを語りました。「今も母が来るのを待っている」という私の解釈につながりましたが、彼女の語り口に深刻味がないという印象がありました。つい彼女のことを私が軽く見てしまうのは、「アイドル調」というか「ギャル風」の「ワカンナーい」という口癖のせいでもありました。また彼女がなりたい「強い大人」とは「完全な人間」という意味で、印象は相変わらず「お姫様」であり、純粋を志向するその極端な言い方から私は自己愛的なパーソナリティだと考えました。

前ほど言動に被虐的なところはないが、人に会っても、何をやろうとしても、欠点、困難、障害を見つけてしまい、落ち込み死にたくなるので幸せになれないというのが訴えでした。また、結婚もしたいが付き合いの最初でイヤになるということでした。死にたくなるが自殺企図はなく、前より落ち着いていたので、互いの勤務の都合で週一回の設定でのカウチを使用する自由連想を提案したところ、受け入れられました。そしてこの治療構造は、その後「先生は高みの見物」と言われて、私が高いところに座り、彼女が低く横たわる姿勢をはっきり表すところとなりました。

さて週一回の自由連想による面接が始まりました。最初から、醜いこと、臭いことの連想や話題が続きました。美少年であった父が病床で醜くなったことで、早く死んでほしいと思ったとか、乗馬は臭いので耐えられなかったとか、すべてが吐きそうで触りたくないとか、嫌悪の表現が続きました。そして、母にバス停で見捨てられたという思い出が連想されました。また、「王子様がやってこないなあ」という話で、患者はよく「鐘が聞こえるなあ」と言いました。この鐘は、終わりを告げる鐘、競馬の最後の一週を告げる鐘でした。

4月　間もなく、「ここに通うようになって、考えたくないことを考えさせられて、調子が悪い」と語ります。そして女性が評価されないという話で、「生まれた私が女の子で周囲はがっかりしたらしい」と言います。さらに、嫉妬され裏切られるというテーマで、「小さい時から母に裏切られて、人は信じない方がいい」、三人の弟たちと比べて成績が良く、可愛かったので、何にも悪いことしてないのに特に母親に無茶苦茶言われイジメられたと言うのです。そして夢では、ホテルの中で行きたいところに行けない、探している部屋にたどり着かないのです。まず、私が指摘していたのは、そういう悲しみや絶望を語りながら情緒が出てこないことでした。これに彼女は「そうですね」と答えています。

6月　強制収容所のエッセイを読んで、母に対する死ねばいいという連想と「可哀想なんです」という思いを語ります。そのカマトト（ぶりっ子）の話し方や物腰から、私はなかなか共感できず、これでは同性に嫉妬されイジメられるなと考え、「女の嫉妬は怖いですね」「女と競争することになる」という評論家風のコメントが多くなったと思います。しかし、部屋に入ってくる時の様子が実に愛嬌があり、向こうが恥ずかしそうに入ってくるとこっちもにこっとしてしまうのです。すると向こうも「どうしたんですか」と笑って聞き返すのです。一時期、一過性に、二人は、絵に描いたような青年期心性に退行していたようで、私はこういうの苦手だなあと意識的には困っていますが、実はまんざらでもないというのが正直なところでした。その頃彼女の見た夢では、ホテルで再びたどり着かないので困ったが、そこでお客でもない人が助けてくれるので、そこが「治療の効果かな？」と解釈していましたが、彼女の反応は「わかんなーい」という甲高いギャル調の返答でした。

7月8月　数週間の夏休みの期間を伝えると、期間やその間連絡がとれないことにまったく文句を言わないので、そのことを指摘しました。すると希望が叶ったことがないので、去って行く人に呼びかけない、という話が展開し、夏休み直後でのセッションでは、会いたい人をいつも待っていて探しに行かないのは、「人間は嘘をつき、裏切るから」という理由からでした。

9月　夢の中にセラピストが出てくると思うのに出て来ないという夢を見ます。夢の中でも待っているのにやって来ないということでした。その頃実家に帰るが冷遇され調子が悪くなり、「連中が変わらないなら私は変われない」「自分の苦しみは人にわかってもらえるように説明できない」、と嘆き、「先生は幸せそうですね」「先生にぽいと捨てられそう」と言って泣きました。その後のセッションで報告された夢では旅に誰かを連れて行かねばならないという状況の夢で、結婚したい、仲間が欲しいという普通の希望を、初めて恥ずかしいと言いながら語りました。

10月　だんだん情緒的になり泣くことが増えて行きます。或るセッションでは入ってくるなり泣き出し、「イヤになります。本当にここに来てもよくならないし、何も変らない」と言いました。今度は一歳の時のトラウマとして、胸の病で入院したが長引いて、父が心配したが、母が冷たかったと語りました。私は、その見捨てられた体験の背後に怒りが溜まっていることを感じ始め、ここに来ても、治らない、変わらないとその怒りがぶつけられるようでした。私は、可愛い女性の平和なヒステリックな訴えに対し、続いていた私の軽視や軽蔑に自覚的で、これが共感や情緒的理解を妨げ、逆にこの人の「死にたい」については死ぬわけないなと思っていました。

11月　彼女の都合でドタキャンとなり、キャンセル料の支払をめぐって、聞いた／聞いてないで、もめることになりました。対象、つまり私に対して、優しい面は好きだけど嫌なところは怒りを感じると言うので、すべてに良い面と悪い面があるという私の指摘に、彼女はそんなことわかってますと答えています。私は、「それは知的にはわかっているけど心の中では認めてない」という解釈をして、結局はキャンセル料は支払うことになりました。しかしセッションは相変わらず彼女にとって「悲しいもの」であり、良いところと思っても嫌なところが見えてダメーッという感じになると言います。話すのが嫌で、食べ物に好き嫌いが激しいという話となり、幼い頃はご飯が食べられないので、甘くするためにきな粉をかけて食べていたと言います。

治療者：いつも一〇〇かゼロかですね。
患者：中途半端は許せない。だから成長しない。
治療者：最近、少しは変りましたね？
患者：僕ちゃんのおかげ？
治療者：そういう風に「僕ちゃんのおかげ？」と言うので、なかなか話がシリアスにならないのです

ね。［軽くしているのは彼女であり、私の指摘は重要だったと思います。］

12月　王子様がやって来ないと言うので、おとぎ話「蛙の王様」の比喩で、蛙を受け入れないなら王子様にならないという指摘をすると、それは現実ではないと抵抗しました。それでも、蛙のニオイがするだけで、しっぽが見えるだけで、男たちを受け入れられないということでした。すると、彼女は古い記憶で次のような体験を語りました。観光で島に行った時に、嵐になり、舟で帰ろうとすると大きな舟に乗り移れなくて、船頭さんに放り投げられて乗せられたというものです。私はそれが、いつもの彼女の心境であったのだと思いましたし、この固着点とも言うべきところから放り投げられないと前に進まないというエピソードは最後まで生き方の比喩として使われました。そして少し良くなって来たのですが、「劇的に生きたい」彼女の、物足りないと言う傾向はなかなか変わらなかったと思います。「王子様がやって来ない」という訴えと共にこの年は終ってゆきました。

3年目1月　年賀状が届き「王子様が見つかりました」と書いてありました。それは、エンジニアの昔から仲良しの同級生で、求婚されたが断っていた男性であり、付き合いが最近再開したようです。それで、彼女が「僕ちゃんのおかげですね」と言うので、また私がダレるというようなやりとりが続きました。

2月3月4月　一見楽しげに生きているように見えるので、周りに嫉妬され、さらには理解されないというのは、実際には母親とのやりとりの反復であるということが語り合われましたが、展開は停滞していました。そして、桜が咲く頃になると死にたくなるという、「変わらない、死にたい」が繰り返されました。そして夢も、ビュンビュン行くエレベーターに乗るがたどり着かない、現実は汚いのできれいな世界だけで生きてゆきたいという話が続きました。

5月　ここで一度、こちらが前からキャンセルしていたのに、本人が間違って来室するということが起きました。言いたいことは、元凶は母親だということで、これまでの昔話の比喩から、母親は「魔女」だということになり、結婚が失敗し、生まれる子どもが解剖学的異常を持つという運命は「魔女の呪い」だという話になります。しかし、これを語り合う治療者は、実際に助けに来ない「僕ちゃん」であり「高みの見物」を続けていると非難します。そして、或る有名アナウンサーの自殺で影響を受け自殺を考えたが、「僕ちゃん」が心配するからと思ってやめたというのです。こういう軽い調子の裏には「見捨てられた絶望がありながら、表向き適応している」ことを私は解釈しました。［同時に内心、私は自分の口調が姫に対するジイみたい、あるいは金持ちの容疑者に対する刑事コロンボのように感じていました。四十歳の姫は年が行き過ぎているようですが、私のジイというのは年相応だろうし、自己愛的な女性との対話ではこれが定番だと考えていました。］

6月7月　夢で、父親が出て来て「お父様お久しぶり」と言って目がさめたと言います。また、新しいキーワードとして、救いや助けが遅い、間に合わない、いつもゲームオーバーで「残念でした」という表現が使われました。そして、「色気違い」「やりまくり」という、お姫様に似合わぬ表現も出て来て、それが周りに多いと言うのです。また職場で「ババアのスタッフ」に文句を長々と言われて、やりがいがない仕事であり、「ホステスと同じ」と言い、私のことをホストクラブ以下と言っているので、「それが仕事というものでしょう」と言ってみますが、通じません。相変わらず、「そんなことだから結婚できないと母親に電話で言われた」と文句を言い、寂しい、結婚したい、しかし清らかに生きてゆきたい、汚れたくないと言っていました。

8月　やがて、眠れない日が続いて、死にたい、憂鬱な気分であると言うので、私はこう解釈しました。「糞ババア、臭い男と言うのに、母親にだけは何にも言えないし、お前なんか要らない子だと言われっぱなしなんですね。本当は糞ババアと言いたいんですね」。答えは「言えない。清らかに生きていきたいので」というものでした。夏休み後の面接では「もう死んでもいいなあ。もう一回先生に会っておこうと思い来ました」と言いながらセッションを始めました。

9月　そんな中、軽く生きているという印象にだんだん重さを与えたのは、母親のことを「魔女」と呼び始めたことからです。比喩とは「対象と距離をとる仕かけである」ということを互いに実感したようです。そして、なかなか着かないことが多い中で、珍しく花のきれいなところにたどり着いた夢を見ました。しかし嬉しそうではなく、映画の中の台詞を引用して「人生とはいつもちょっとだけ間に合わない」と彼女は言いました［うまいなあと私は思いました］。そして死なないと思うようになってきたけど、またダメダアということもあるということでした。

10月　魔女から電話があって言いたいことを言われ、愛されていないことを実感したと言います。「愛がないと言うのはここでもそうなんですね」と言うと、「愛はありません。ホストクラブの方がまだマシです」ときっぱり言います。妬みに取り囲まれているので今は死にたいとは思わないが、仕事は辞めたいと言います。そして、生後二か月で、胸の形を気にして母親に離乳されたと言い、乳製品にこだわりがあり、バター、ミルク、ヨーグルトしか食べられないこともあると言います。

11月　母親のことを人間の顔をした化け物だと言うようになりました。それと、母親の「イヤらしさ」は若い男性を連れて歩いていることで、物欲と性欲が絡んだ関係だと言うのです。私のことは「冷たい、高みの見物だ」と言い、これがどうしてもツボにはまり私は笑わせられ、しまったと思うことがありました。彼女が「魔女は反省しない」と言うので、私は「前は、お前が悪いと言われて言い返せなかったが、今は返せるようになった」と指摘しました「私は内向しやすい怒りを外向きにする形で解釈していたと思います」。そして、「誰も理解してくれない」「無償の愛ってまったく実感できない」と言って泣きます（これは私が金をとって「高みの見物」をすることも含めての攻撃です）。どうしてこんなに苦しい思いをして一歩一歩治療せねばならないのかという彼女の問いに、私は彼女が関心をもつ生物学の比喩で、「アレルゲンに少しずつ慣れるための、ゆっくりした脱感作による治療になっている」と答えています。これに対して彼女は「もっと早くよくなると思っていた」と反応しています。

12月　車を見ると飛び込みたくなるのが少なくなって来たと報告。夢は相変わらずビューンビューン飛んで行って着かないという内容です。こんなやつと思っていた友人が結婚するので、落ち込んだと言います。そして患者が言うのは「先生には私の苦しみがわからない」ということでした「私はこれを治療記録に赤字で書いていますが重要と思っていたのでしょう」。そしてやっぱり「タノピーでいきたい」「ルンルンでいきたい」「毎日がピーカンでないと嫌だ」という彼女のいつもの口癖に戻ります。私が、そのピーカンが続かないのですねと言うと、「夢の中しか帰るところがない」と言って泣き出し、「先生は私の夢を壊して楽しいのでしょうか？」と責めます。その泣いた「プリンセス」に対して、私はつい小さく「すみません」「楽しくありません」と言ってしまうのでした。「ここは、私が巻き込まれたという意味で、一つの山場であったと思います。似たやり取りが繰り返されましたが建て直し、その後は「すみません」とは言っていません。」

4年目1月2月3月　彼女は、私が痛みを伴うことを言うと、高い「ワカンナーい」と言うギャル調の否定から、低い声で「ヒドーイ」と言うようになりました。そして、時々ピーカンで時々土砂降りでも、「普通は曇りの日」という私の指摘に対して「小春日和がいいな」と言うようになりました「小春日和こそ年齢相応！　と私は思いました」。そして、自分の中の「ファシスト」を語るようになり、ズルズル音をたててスープを飲むような、気に入らない連中、醜い連中、汚い連中を殺してやりたいと言い、仕事でも、あまりの汚さ、不潔、臭さに耐えられないと語ります。「結局、異常な子が生まれるのが怖いというのは彼女の嫌悪感の問題だったというような、自分のことに自分で直面していきました。」そして、魔女の攻撃が激しくても、それに四つに組むのではなく、電話に出ないというような対応策を工夫するようになっていきました。

4月5月6月　セッションは、「桜の頃死にたいと思っていたが、今年は思わない。これは僕ちゃんのおかげと思いました」で始まりました。魔女の攻撃は相変わらずで卒業アルバムや写真を捨てられたと言います。嘘をつき裏切る魔女をやっつけてやりたいと言いながら、実際に会って穏やかに話し合うということも起きます。それで、心の外の魔女というより心の中の魔女というのが問題になっていくのです。いちゃつく男女を気にする彼女が、そして小さな甥に息を吹きかけられて発疹が消えたことを取り上げて「性的な欲求不満」を指摘しました。すると私はもう「僕ちゃん」だけではなく「エロじじい」と呼ばれることになります。そして、男が臭い、特に加齢臭が問題と言うのです。さらに、性的なことや男女のことになると、「内緒」と言い、「残念でした」とこれ以上語らないと言うのです。肩が丸出しの服装でやってくることがあり、二人だけの密室で雰囲気は前より性愛化していくと感じました。マイケル・ジャクソンが死んで、彼がナルシストで彼の性生活が曖昧であることにも私たちは刺激されていたと思います。

7月（夏休み）9月　性愛のテーマが大きく入ったことがきっかけだったと思うのですが「自分がおばさんになった。意地悪になった」「花曇りがいいかな」と中年風に言いながら、それでも「ウレピーと土砂降り」が繰り返され、そして同時に、確かに中間的なおばさん風のため息をつくことが増えました。例年に比べて長くなった夏休みに耐えることができ、「死にたい」がなくなったという点で「やっと成長して来た」と言います。それでも、これこそ治療の成果だと思われるところで、もちろん私が「役立たず」「ホストクラブ以下」というのは変わりないのです「この役立たずという表現には、男としてという意味合いがあると思います」。

10月11月　仕事が変わりました。また、初めて「いつ終わればいいのか」と終結のことや現実的なことを口にしました。それと同時に、セッションをキャンセルして他のところに出かけることが続きました。私は、用意したセッションをアビューズ（乱用）されていると感じていました。「つまり、患者がアビューズしキャンセルするという行動化、つまりアクティング・インとして、彼女の自らに向けた内向きのアビューズを外に向けたものと私は理解していました。」そういう時に私の有名人の友人が自殺するということが起きてしまい、それをニュースで知った彼女は前回くだらないことを話して申し訳ないと泣きました。正直なところ私も悲嘆反応を経験していましたが、彼女は私が死ぬんじゃないかと心配しました。「先生のおかげで生きているの」「私こそ死にたい」と嘆きました「彼女にとって、私は彼女のアビューズで破壊されかけていたのだと思います」。その上、私のミスで私はダブルブッキングをしてしまい、彼女のセッションを事前にキャンセルせざるを得ませんでした「記録不備で当時の事情を思い出せないのですが、ここで彼女の中のアビューザー（乱用者）に対してすべてが私の機能の生き残りにかかっていたと思います」。

12月、5年目の1月2月　彼女は私のキャンセルに「びっくりした」と言っていました。とくに際立った直接の反応はありませんでしたが、実はその後彼女のキャンセルがまったくなくなったのです。そして現実には小春日和が続きましたが、ようやく求めていたものと一致して「小さな幸せを楽しんでおります」と言うことがありました。そして、三歳と五か月の時に橋から二度飛び降りたのは自分の意思であり、両足を骨折したと言います［ここでも、見かけの楽しそうなのと内面の傷つきのギャップを感じ、理解しながら私にその絶望がまだ心底ぴんときてないし、本当かなあと感じました」。死にたいと思うことがなくなったのですが、職場では泣きたくなることが続くし、魔女の同僚がイジメるし、オヤジやババアが臭いしむかつくと訴えます。「夢はワールドカップに出て優勝すること」と言うのに対して、私は思わずあり得ないと笑って「そういうことを言うから嫉妬されて辻斬りに会う」と評論的に言ってしまいました「私自身もかなり腹を立てていたのでしょう」。

4月5月　私の音楽と講演のイベントに来て、「先生が一番楽しそうでした」「どうしてあんなに普通の格好して出るのでしょう?」「先生の靴下、短い」と落ち着いた観察を示しました。そしてバレエのレッスンに通い始めました。そこではこの彼女こそ「魔女」となり、それでおばさんたちに意地悪されていることと、同時にルンルンを出すと嫉妬されることがわかって来たようでした。今まで「他人の嫉妬がわからなかった。蝶よ花よで育てられたので」と語りましたが、そこには同時に魔女の虐待もあったことに直面するわけです「私の仕事はリフレクション（照らし返し）であり、内的世界の両面に出会ってもらうことでした」。その結果か、私のオフィスにある鏡に注目した文脈で、私のことも「優しい日と怖い日がある」「冷たい日と、暖かい日がある」と言うのです。それは支払いのお金を忘れたことからもわかるように、「先生のことを最大の理解者だとは思ってない」と言い、ようやく真の意味で私の理想化の幻滅が始まったようでした。

6月7月　魔女に言葉で虐待されて目のことを言われたと言いますが、その言葉の中身を言わないので、「それについて語り合って乗り越える」という私の提案は「無理無理、残念でした」と言う。また、セックスしようとしても相手に「触れてはいけない感じ」と言われてきたと言うのです。また、若い時に彼女が嫉妬していた人に最近会ったが、「詳しいことは言わない」と言います「私はこれも残念でした！　と感じました」。また、自分のお金が不足してきたことを語り、医療費控除で戻ってきた金額が意外と多いので嬉しそうでした。私のオフィスのあるビルの違う部屋に行き、違う人が出て来たこと、そして若いニュースキャスターが老けて見えることで「玉手箱が開いた」と言うのです「これは私が前に解釈で言ったことでしたし、ここにも人生の「残念でした」がありました」。そして「嫌いが大嫌いになりやすい」と私が指摘すると彼女は肯定し、さらに、いちゃつく男女が気になるようだけど、魔女と結婚してセックスしてあなたを生ませたのはあなたの大好きなお父さんですねという私の指摘に対して、「気持ち悪いこと言わないで下さい。先生はひどーい」と言いますが、これも残念ながら直面せざるをえないようでした。こうして、三角関係をうまくこなせないということにも私は解釈しながら直面してもらいました。

9月　夏休みも無事終わり、魔女と旅行に行くと言い、これをこなすことで「卒業試験だと思う」と言います。このビルの新築の臭いがするが、これまで感じなかったものだそうでした。私が「感覚が広がった」と言うと、彼女が「視野狭窄でしたね」と答えました。私は「毎日がピーカンと魔女の虐待という心の二重視（あるいは分割）を治療していたんだと思います。イヤなことばかり、あるいは良いことばかりと極端なものに目がいくのではなく、両方に広がる全体を一つに見れるようになって、視野狭窄の改善なんですね」とまとめました。これを彼女は肯定的に受け止め、ここでマンションの窓から見える、ずっと見えていた景色が美しいと言うようになるのです。今までこんなもの当たり前の「普通の」景色と思っていたが、と語り、「生まれ変わったらプリマドンナにはなれないけど、お母さんになりたい」と言いました。「子ども生んどけば良かった、でも残念でした」とも言いました。そして数日後、妊娠している夢を見ました。

10月11月　ノーベル賞の日本の受賞者が性格的に善良そうだけど計算もあったからこそ受賞できたことを語りました。そして魔女と旅行ができたことを「卒業試験合格です」と言いました。また、ひどい魔女の言動に「生まれて初めてビシバシやり返している」という夢を見ました。そして父の夢も見て「父が機械の電動のこぎりで殺されそう、助けを呼んでいるのに助けられない」というのです。連想では、医療ミスで死んだかもしれない父の死が受け入れられていないということを二人で話し合いました。帰る家のないことを語りましたが、魔女の扱いがうまくなったそうです。「卒業試験」の比喩から、私がそろそろと思い、治療を終わる可能性を持ち出すと、「追い出すんですか」、でも「終わらなきゃ」と答えます。白と黒しかないという表現から「グレーに強くならねば」という話になり、朝の空の美しいことを強調し、「今日の町は曇天だけど」と言いました。

12月　前の話を受けて、「グレーの服装で来た」と言います。報告された夢では、着かないエレベーターが、どこかわからなかったが、疲れ果てて着いたので、「総集編みたいな夢でした」と言い、終わりを感じさせるものでした。でもストーリィの最後は、高くもなく低くもない、彼女が普通の声で言う「残念でした」になることも語りました。次の夢では山から滑り落ちるが、山肌にしがみついている人にしがみついて止まりました。連想で「ここに来ると突き落とされ、踏みつけられる」と言うので、「そういう時に飛べなくなりましたね」と指摘すると、「そう、おかしいなあ、もっと飛んでいたかったのに」と答えます。そして或るセッションでは、特別な夢を見たが先生に言えないと言うのです。これまで夢はすべて語って来たのに、ここで言わないのは「残念でした」ですね、と私は指摘しました。言える夢では、布製のシャンデリアが落ちる部屋に「とうとう着いた」と言い、そこにはつきあっている男もいたらしいのです。そして、私に報告できない夢とは性的な内容と感じたので、私は「きっと私があなたとセックスしようとしてもあなたが拒否して〝残念でした〟になるんでしょうね」と性的な関係の空想の解釈をしました。彼女はそんなことはないと首を振りました。

次のセッションで「朝日が昇ってきれいでした」と言う彼女は、私と性的な交流を持つような心理状態でいると感じました。また言えない夢を見たと言います。また別の夢では、若い男に大丈夫と言われ、ティンカーベルとピーターパンみたいに空を飛び、そして着地しました。そして、もう一つの夢を「変態と思われそう」と言いながら、報告しました。大好きな男の人と裸になりセックスしそうになって、さあと言う時に、「やりまくり」の知人女性が、「セックスのやり過ぎで子宮頸癌になった」と大きな声で騒ぎ始めました。夢の中で、相手の男はその知人のリハビリを手伝い始めて下半身でとてもえぐいことをやり始めたと言うのです。彼女本人はそれを見て何なのこれ、ザーンネーンでした、と逃げました。並行して、外陰癌の患者についての連想が出ます。私は、まず前者の二人で飛ぶ夢はセックスを意味していると思いますと解釈しました。後者の夢では「男は私であって、あなたがやりすぎて病気を心配しておられるのでしょう。そして奇形の心配もそこから生まれる」と解釈しました。話しながら夢の男の人は実はセラピストであると言うのですが、私の解釈に対する答えは「わからなーい」でした。その夜「治療止めます」というメールが届きましたので、「今大事なところです。来年もお待ちしてます」と返事をすると、「先生はしくじりました」と返事がありました。［そこで私は、子宮頸癌のリハビリをするのは医者の仕事だぞと考え、その気になった彼女こそ「残ネーンでした」という対象に裏切られ続けるドラマに巻き込まれていたのだと考えました。つまり、二歳の時に待っていても、戻って来なかった母の思い出も最後は悲惨な残ネーンでした、だったのだろうと。］

6年目1月　次のセッションで「この前のセッションの最後のところで、シャッターの扉が何重にも降りた。ガンガンと音をたてて。今日は来ないつもりでした」と言いました。シャッターが降りたのは、閉じ込められたということでした。しかし初夢では、車で誰かに追われる夢で、最後に「大したことないよ」ということになりました。そして、「私の黄色い長靴が側溝に落ちてどうしてもとれなかった」という取り返しのつかない幼児期の思い出を語りました。そして「嫌いは大嫌いではなく、嫌いだけになりました」と言います。幸せな夢を見たけど教えない、でも最後はたたかれるというひどい夢でした、と言う。それで、すぐに「止めたい」と言ってこう言いました。「先生の言う景色がきれいに見えることなんていつもそこにある、まったく普通［！］のことでしょう、と。でもシャッターが降りた日の後で面白い夢を見ました。友人が、どうしても開かないという扉を簡単にこじ開けて入って来ました」。私は「凍り付いたものが解凍されつつある」と指摘しました。

2月　彼女は「もう潮時ですね」と言いました。

治療者：シャッターの降りた日、私たちは結ばれませんでした。私は患者の子宮頸癌や外陰癌の手術後のリハビリのお手伝いをするのが仕事ですから。

患者：先生はその女とエロイこと、えぐいことをするんです。その女と。とんでもないエロじじい。先生でもああいうことやるんですか？［治療者：もちろん答えない。］

そして、次いで昔世話になった上司が自殺したという知らせが届きました。「昔、その上司が、私がお金使いはたして自殺するつもりでいた時に、生きて戻って来いって言ってくれた」と言います。そのあと、幼児の頃、二度橋から身を投げて骨折したことを思い出して、虐待されるなら死んだ方がよかったと語る。そこで「祈っていたのに、神はどうして、お答えにならないのでしょうか」と泣きました「実はこの時、前日一緒に遊んだ私自身の孫と似た子が橋の上から飛び降りるイメージが私に浮かび、私の目頭が熱くなったのです」。

患者：私、嫉妬されているなんて知らなかった。ただ、可愛い可愛いと言われただけなのに。
治療者：白雪姫のお母さんが嫉妬したのと同じですね。あなたが結婚しても幸せになれない、子どもは奇形になるというのは魔女の呪いだったんですね。

夢で、駅のホームにいる彼女は、隣りのホームに飛び移らねばなりません。広くホームとホームの間が空いているが、間に柱が立っていてそれに飛びついて移った、というのです。途中で父に会ったような気がするが、どこで会ったか思い出せない。

治療者：きっと心の中に柱ができたんですね。
患者：母の嫉妬と言われて思い出したんですが、祖父が私を可愛がったので、私が憎かったんでしょう。夢では、着いたホームでは独りぼっちだった。
治療者：柱は私だと思いますが、駅のホームではさようならですね。
［その夜、もうこれで終わりますというメールが届く。］

3月　治療では終わる時は、いつも、すぐには終わらない。三か月の終結期を置くことにしていると私は伝えました。次の十一日四時のアポイントメントでしたが、直前に非常に大きな地震がありました。オフィスのあるビルも大きく揺れ、その内外は騒然として、彼女は地震の前にすでに近所まで来ていて来院したのですが、面接は中止しました。交通機関が止まり、暗くなり、他にスタッフのいない状況であり、歩いて帰る彼女を近くの墓場を通り抜けるところまで送っていくことにしました。周りでは墓石が倒れていました。後に、こういう風に何が起きるかわからないものなので、やはり私たちは終結を考える時期かもねと先生は一緒に歩きながら言っていた、と彼女は言います［私はこのやりとりを覚えていないのです。彼女と墓場で別れた後、私はもちろん急いで自宅に帰りました］。

次のセッションで、地震のショックを語った後、やめることを決心したと言いました。理由は、先生の態度は言っても言っても改善しないから、と。

4月　顔も合わせないで全セッションずっと沈黙し、気まずい空気が充満しました。「それでは時間です。来週もお待ちしております」と私が言うと、彼女はイヤですと言って出ていきました。

その後のセッションでは（睨みつけて）

患者：この前はどうして言葉をかけて下さらなかったんですか？
治療者：お話になりたくなかったようですから。
患者：私は捨てられました。何も言葉がないなんて。私は最近いろんなものを落とします。手袋の片方。バッグの留め金。地震の時は食器が落ちて壊れて、今日はピアスを片方落とした。そして先生は私を見捨てた。
治療者：この前、お墓の外でお別れした時のことですね。
患者：先生の背中を見て、魔女が私を置いて行った日のことを思い出しました。二歳の女の子をバス停に置いて行った。魔女が私を捨てた。やめます。私、やめます。何も変わりがないもーん。同じです。先生は魔女と同じです。私を見捨てる。
治療者：でも私は来週もお待ちしております。私は見捨てませんが。魔女とは違うでしょう。
患者：おんなじ。冷たいです。
治療者：来週もここでお待ちしてます。
患者：いやもう来ません。
治療者：あなたが私を捨てるのですね。恋人なら抱きしめるところでしょうが、私は夢の中の私のように病んだ患者を治療する。つまり職業的な関係ですね。
患者：まったく、先生はああ言えばこう言うですね。実に、戸棚に大事なカップがあったのに壊れた。二度も地震があって、どんどん壊れることを思い知らされた。
治療者：それは私がやったことでしょうか？　関係のないことでしょう。
患者：同じことです。同じ日に起きた。同じことです。
治療者：魔女があなたを捨てたことと、私があなたに背を向けたことと、食器が壊れたことが、皆同じことなんですね。

患者：はい、同じことです。（笑う）
［こういうやり取りをしばらくして］
治療者：確かにこのことについて考えられるようになりましたね。
患者：はい、よくなったと思いますね。終わってもいいかも。
［三か月後、治療をやめることにしました。］

その後のセッションで報告された夢で、セラピストが抱きかかえて彼女に靴を履かせてくれるが、それは子どもに親がやるような形で変な雰囲気はなかったが、別の女性が怒っているので終わることになったと言うのです。靴の連想で、出発の夢ということになり、邪魔が入るので終わるところに意味があり、私は「ここまでですね」と言いました。

患者：冷たい言い方ですね。はい、ここまでです。そうやって突き落とす。誰と会ってもつまらなくなりました。
治療者：アレルギーの脱感作でしたね。
患者：うまい言い方をしますね。

5月6月　夢で、私が彼女に（私の使っている）iPhoneとiPadを預けるので、彼女が預かっていいのかなと思っていたら、別の女性がやって来てキーキー怒るのだそうです。私が「ずっと言ってましたが、もとはお母さんの嫉妬なんだと思います。でも三角関係を生きるようになって来ましたね」と解釈しました。再び有名人の自殺のニュースで、若い時に死にたかったが、今は老いを受け入れるようになって「先生のおかげですね」と言います「とうとう「僕ちゃん」ではなくなった？と思いました」。つきあっている男性が結婚を申し入れるので、受け入れたと言います［行動化?!と思いましたが、終結期なので一応受け止めました］。彼女は「彼が昔から私のことを好きだと思っていたのに、別の女性が好きだったと言われ少し死にたくなった」と言うのです。私は、彼女が三角関係とライバルの嫉妬に弱いことを、母親、女性スタッフ、夢の子宮癌の女性、キーキー怒る女性の例を挙げて要約しました。彼女は「でも、もらった iPhone と iPad は失わなかった」とほっとした調子で言います。そして私が「私が背を向けただけで見捨てられたと思うのも、三角関係に負けたと思うからですね」と言うと、彼女が「そうですね」と答え、こう言いました。「僕は君の幸せを願ってますと言いながら私を置いて行くんですね。私は一人で出発するしかない」。

7月

治療者：三角関係に強くなりましたね？

患者：僕ちゃんのおかげ？

治療者：いやヒヒジジイのおかげでしょう？

患者：そう、こいつはヒヒジジイだぞーッて、皆に言ってやりたい。騙されたらダメだぞうッて。

そして彼女は聞きます。「先生は私が治療を続けると思っていたでしょう。残念ですね」「先生は私が来なくなると寂しくないですか?」［治療者：答えない］

彼女は、結婚しようと思う相手が、他のきれいな女性に取り囲まれているところを想像して、あるいはお金目当てではないかと思い、イヤだなあと言います。しかし、予定されていた7月末の最終回で、態度ではやめるつもりのようでしたが、言葉では一人でやっていけるかどうか不安で、「突き落とされる、見捨てられる」と言うので、夏休みを挟んでもう一回最終回を設定することにしました［私としては、言葉でも、態度と同様、彼女自身が出発を選択したことにすべきだと考えました］。

9月

治療者：あなたが出発するんですね。

患者：（ギャル風に）いや、先生が見捨てた。

治療者：それは昔のあなたがそう言うのでしょう。もし希望されるならこのまま続けてもいいんですが。

患者：（現実的になり）いや、いつまでもしがみついているわけにいかないのでやめます。でも、やっていけるかなあ。

「こうして、患者の「私」は私が放り投げなくても、「わたし」の舟に自分から乗り込みました。そこで私が自分に問うたのは、彼女は私から何を手に入れたのだろうかということです。求めたものはけっして手に入らなかったのですが、私から比喩的に iPhone と iPad を手に入れたということなのだろうと考えました。」

4　考　察

治療が終わって時間がたち、今私は彼女の顔がはっきり思い出せないのです。おそらく、心を見ていたら、やがて姿形を見なくなったのでしょう。ただ以上のように引用された言葉ははっきり残っています。それは例えば、「死にたい」「わかんなーい」「ヒドーイ」「残念でした」です。そして彼女の「死にたい、死にたい」という表現については、“exciting”で“rejecting”なペニスや乳房という対象との遭遇に関するものだったと言えます。

治療構造と病理の関係で示されたのは、週一回の自由連想という、今の日本ではありがちの治療構造におけるヒステリー・メカニズムの取り扱いです。こういう人たちを大事にしないと、精神分析は本来の力を発揮できないなと考えます。そして、我が国の「週一回」にも臨床的な意味があると思います。つまり週一回、一つにする、一つしか見せないので、まとまりの悪い人格や対象関係の統合か分裂か、がいつも問われるのです。また、分析的アプローチに抵抗するケースでは、私たちを深く信用しているかのように甘えてきますが、他方で裏切られ続けて不信感も根強いことがよくあるのです。

患者は、母親に裏切られて過ごし、「醜いこと」「えぐいこと」に取り囲まれてしまい、それに対抗する形で毎日がピーカンであることを望み、どこを見ても誰と会ってもアンビヴァレントでした。そんな彼女の世界に奥行きが生まれ、目の前の普通の景色が美しいと語り始めたというのが、この症例を選んだ私の第一の理由でした。そして、私がこれまで何度か示して来たように、患者が見つけたものはクライン学派の言う「良い乳房」ではありません。それはW・R・D・フェアバーン（1952）が心の内的世界に形あるものとして描くことがなかった「良い対象」なのであり、それは興奮させる対象を「悪い対象」として扱ったことと連動するものです。つまりこの「良い対象」とは普通にありふれたものなのであり、いつもは際立つことなく空気のように辺りに漂い、天災や人災などのために失われて始めてその価値がわかるというわけです。つまり、「美味しい空気」とは、これだという形で示すことのできるものではないと思うのです。

また「普通の献身的なお母さん」と訳されたウィニコット（1964）の“ordinary devoted mother”の“ordinary”という言葉にある落ち着きに通じるものでしょうが、英語のそれが語源的に“order”と重なるところが日本語と違うでしょう。むしろ「普通」は、オーダーできない、指し示せないことが重要でしょう。ゆえにこの「普通がわかるようになること」は治療目標として提案しやすいものと思いますが、目標と言っても、特に何かを具体的に指し示してはいないのです。

純金の精神分析というものが主張され、精神分析と精神分析的精神療法という分類があるとするなら、私はその両方に二股をかけて立ちたいと思うのです。私は「純粋な精神分析」とか「孤高の精神分析家」とかを信じておりません。皆、表の佇まいに対して裏があり、多くが裏腹で、裏切られることが多く、その全体は多面的で不純であり、それで普通ということなのですから。

最後に、内容の掲載を許可していただいた彼女に、心からの感謝と敬意を表したいと思います。

第6章　症例の未来から学ぶ——精神分析的精神療法

1　はじめに

この報告を準備し終える段階で、私は思いがけず気がついたことがあります。それは思い違いと言ってもいいでしょう。というのは、この報告を行った日本精神分析学会の教育研修委員会が企画したセッションに「精神分析をどう学ぶか」というタイトルがついていたことが、私には見えていませんでした。しかし他方で、大会の抄録集の案内では「精神分析的精神療法をどう学ぶか」のように記載されているので、この文章に従えばよいのだろうと納得していました。

精神分析と精神療法は、私にとってこれから言う時間の観点から見て相当に違う部分が多いはずですが、教育研修委員会のメンバーとして歴史的に見るならば、このタイトルと中身のズレは本学会に伴ういつもの二重性だと考えます。この二重構造については歴史的問題と捉えて論じたことがありますが、それは皆さんの求めるところではないでしょうから、あらかじめ準備してきた中身に入ります。ただし、この歴史的な二重性問題に興味のある方は『フロイトと日本人』を参考にして下さい。

そして日本の精神分析的精神療法は、それなりにオリジナリティのある歴史と内容を有しているので、その自負を大事にしてもらいたいと思っています。前に土居健郎論において指摘しましたが、キリスト教のミサで言うところの「未信者の祝福」に向け、「日本の精神分析的精神療法」は育てられてきたと考えるのです。つまりこれも、両面的で中間的なところに立っていると言えるのです。

2　闇の世界を見る

さて、視覚の比喩で言うなら、私たちが共有する分析的目標とは、見えにくい心の真実を見て言葉で語るということでしょう。そのことを反映する事象だと思うのですが、私が関心を持っている物語には目の話が多いようです。しかし、その関心は私だけではありません。例えば、『エディプス物語』で主人公は、スフィンクスの謎に答え、怪物を退けます。妻こそ母親だったという事実は隠蔽されていましたが、母親ヨーカスタもまた、この見えていない真実を見るのを止めるよう説得するのです。

ヨーカスタ「後生です。ぜひそれだけはおやめください。」

（ソフォクレス『エディプス王』）

この母親の禁止を破って、彼は見えなかった父殺しと近親姦の真実を見、そのあまりのおぞましさに目を突いてしまい、同時に母親は自害するのです。このように、賢い英雄エディプスであっても、見えにくい真実を見つめることはできなかったわけです。

さらに私が関心を持っている日本の「見るなの禁止」の物語も、〈運ず〉〈惣ど〉にそそのかされて、〈与ひょう〉は〈つう〉の中に傷ついた鶴を見、呆然と立ち尽くします。彼はおそらく、彼が自分の欲望で愛する彼女の羽を抜かせて織らせた反物を金に換えているという、因果関係の責任を問われ、欲に目がくらんだ自分が彼女を食い物にしているという事実に直面したのだと思います。そして、おそらくそこは産小屋の中だと思われ、暗い部屋の中だったに違いありません。

また日本神話で、父神イザナキは「な視たまいそ」という禁止を破り母神イザナミの体が腐っているところを目撃し、汚いものを見、あわてて逃げだしているわけです。これを追跡するのが醜女、見にくい女たちです。そしてそこは黄泉の国（闇の国）であり、彼はひとつ火ともして見た光景を正視できなかったのです。主人公は「見畏《かしこ》みて逃げましき」で、ここでも深層心理学的には、愛する女性にセックスで子を産ませて彼女を殺してしまったという責任問題を問われたのかもしれませんが、まずは視覚的には妻が生死の境を彷徨っているところを見たのだと思います。

さらに「阿闍世コンプレックス」の阿闍世の話では、裏切った母親を見た阿闍世は怒りのあまり彼女を殺そうとします。つまり、これも母親の裏と表の二面性を見ることを怒りの契機としています。

フロイトの古典的な精神分析に戻りますと、原光景や不気味なものを巡るビジュアルな話題は、この領域によく出てきます。つまり、見たものの悲惨さやおぞましさ、見たものの見苦しさ、そして見にくさ、という苦痛と共に主人公たちは想像を絶するものに直面します。一切にウラオモテがあり、多面的で、一切が幻滅や裏切りを伴ってそこにあり、そのことを見て男性主人公たち、あるいは女性主人公たちは逃げ出してしまいます。『夕鶴』の〈つう〉は見られたことを恥じて去り、〈与ひょう〉は茫然と立ちすくみ、そしてイザナミは隔離され、イザナキは汚いものを見たと言って逃げます。

そして私の言う「見るなの禁止」は、近親姦のタブーの“taboo to be kept”であることに対して“taboo to be broken in time”（Kitayama, 2010）なのであり、時間が経つと破られるのであり、このために未来はいつも見えにくくなっているのです。そしてそこには、ゆっくりと時間をかけて、幻滅を見るための心の準備をしなければならないという知恵と、そこにこれらをどうしたら正視できるようになるのかという問いが生まれます。

その問いへの答えを先取りするなら、苦しみを理解するということと、それをゆるゆるとした時間で行うということです。理解することとはいつもの課題ですが、今回は時間をかけてゆっくりと「慣れ」て「こなすこと」を強調したいと思います。

逆に言うなら、「あわてる」ということの時間心理学的要因こそ、物語の悲劇性の共通要素だと思います。エディプスもヨーカスタも、〈つう〉も〈与ひょう〉も、イザナキもイザナミも、阿闍世も皆あわてているのです。見えたものに対し即断即決で、悲劇的エンディングに向け身を投じています。しかし、これらの主人公たちの中で、阿闍世の母親であるイダイケだけがそこで生き残り、あるいは阿闍世から怒りを向けられながらもそこに留まるのです。つまり彼女のこの時間的な「生き残り」こそが、阿闍世の改心と許しというハッピーエンドにつながったのではないかと思います。

「阿闍世コンプレックス」論には「許され型罪悪感」というキーワードがありますが、「赦し」の「ゆ」はゆったりとした感覚とゆるゆるとした時間感覚を意味的に含むのだと思います。許された、ゆっくりとした「ゆるみ」のなかで、問題が解けて行くのではないでしょうか。時とは「解き」だと言う語源説があったと思うのですが、焦ると、時間的に未来はなかなか解けてこないのです。しかし、ゆっくりとした時空を得ると、時間が経つうちに見えていない未来から、つまり向こうから帯が解けるように、解決という「解き」が訪れてくることがあるのです。

3　心は、そして未来は見にくい

以上のような関心が私のバックグラウンドにあり、私は今、視覚的に「見えないこと」に注意が向いています。実はこの会で話すようにとの依頼をいただいた頃、私は文字通りに目が見えにくいので某大学病院の眼科を受診したのですが、それがきっかけとなっていろんなことを考えました。この老人性変化による眼科的問題は、今日こうやって皆さんの顔を見ながらお話をしている時にも影響を与えているかと思うのです。

さらに教育研修委員会の企画内容を聞いて、まず若い人たちに向けベテランが語るという学会企画であることが重要だと思いました。そして、私は精神分析が一生、つまり四十年の長い時間をかけてやる価値のある仕事であることを示したいと思ってきました。しかし、どうしたらウィニコットの言う「サバイバル」の意義を示すことができるか、その方法を見つけることがなかなか解けない問題でした。

そして私が思いついたのが、精神療法では見えないことが多いので、それを見ることについて時間をかけることの価値を示すことです。とくに同じ場所で開業し、同じ時間に面接を繰り返して、「症例の未来」を含む長い時間的な経過から見えてきたものについて学ぶという方法です。精神分析は過去から学ぶことが多いのですが、実は興味深いのは過去だけではありません。「一寸先は闇」

と言うように、臨床では未来が一番見えないものだといつも思い知らされています。

4　症例の未来から学ぶ

私が何を言おうとしているのかさらに見えやすくするために、具体的な例に入りましょう。実は治療報告をした後、あるいは分析的治療を終結した後に、いろんなことが私たちの仕事には起こるわけで、そこから深く思い知ることがあります。まずは、そのことを二つの症例の「その後」の「その後」で示し、そしてもう一例の長期の精神療法から学んだ例として報告したいと思います。

症例K

この方は『覆いをとること・つくること』（北山、二〇〇九）という本の中で、その数年にわたる治療を報告した症例Kです。精神病をその人格の内面に抱えたパーソナリティと表現すべき例であり、話は言葉と意味が乖離して上滑りになり、言葉の交流では何を言っているのかわからないということが続きました。治療の最初のころ、小学生の頃かいたというマンガを見せてくれましたが、その中にはバカと書かれた自分の体をヌイグルミにして、それを脱いで逃げ続ける彼が描かれていました。そこに深刻な外傷が想像され、この方には幼少時に女の子の目を刺したという話があり、最近も或る女性にストーカーまがいのことも行っており、攻撃性の取り扱いは慎重であらねばならないと思いました。

そして彼自身が、中身を出すと爆発すると言うので、内的混乱も含めそれを間接的に包みながら表現する、絵を描く彼の努力を私は支持しました。宙を舞う言葉は意味と乖離しやすく、絵画の方が意味を媒体に固定させるので、精神病的な思考の交流媒体として有効だと思いました。自己の全体は生々しいものや無機的なもので充満し「見にくいもの」でしたが、視覚的な媒体のほうがそれを「見立てること」ができ、外界への橋渡しになっていたと考えました。司法試験を受けることにとらわれていた彼でしたが、心の中身は見つめたくないということで、自分から終了を言い出しました。アルバイトを開始し、投薬も不必要となり、身体症状も軽くなって、精神病的な言語の混乱も軽減していきましたので、その経過（五年十か月）を日本精神分析学会で報告いたしました。

私は早くから保存的に関わろうと、治療方針を判断していました。つまり、中身に触れないということです。中身に言葉で触れるともう混沌と怒りがあふれ出し、言葉が崩れてくるような症例で、軽々に触れられないと考えたのです。以上のように中断した症例でしたが、当然のごとく学会会場で私の報告は批判されたのです。特に、どうして攻撃性を取り扱わなかったのかと。

しかし、この人は欠席が多くて、不承不承通ってくるよりも、治療を拒否し最終的には治療を止《や》めることの方が私にとってはリアルな感じでした。語呂連想に振り回されて無力な言葉で対話することよりも、欠席というその無言の拒否を私は強く受け止めていました。つまり、治療に来ているのと嘘で迎合的で本物ではない感じがあまりにも強く、来たくないと言っている彼が本物に思えたのです。そして、その姿に対して私は、私を拒否するこの青年が人格としてまとまっていると考え、予後の見通しというようなものを立てましたが、私はそこに彼の未来を見ていたと思っています。

また、彼の夢は司法試験に受かって裁判官になり、これまでいじめてきた連中に復讐してやるということでしたが、試験はずっと失敗していました。しかし治療終結の四年後のフォローアップで、患者はガードマンになり、消防士、つまり「火消し」の資格をとっていたのです。問い合わせへの返事で、当時の状態を「モルモットにすぎなかった」と自己の怒りと私との関係を表現し、それで治療を止めたのだと書いてきました。彼は、母親が治療費を払って、自分はただ行かされていただけだった、嘘っぽく通ってきていたのだと書いておりましたが、患者が「モルモットだった」と書いた時、かつて見ることができなかったものが今や彼には見えていて、その情けなさや怒りを今も私に言葉にしているなと思いました。

実はそのさらに数年後、彼はつきあいたい女性が見つかったことで、改めて混乱し、短期間に十回ほど私と話しに来院したことがあります。その時は、研究施設の修理を専門とする仕事に就いていました。再会し、目立った思考の混乱はなかったのですが、彼が治療を受けていた時の私の次のような自我支持的な発言をよく覚えていたことが印象的でした。つまり「(情緒的なことを) 考えるとおかしくなるよと言われた。それにのめりこむときりがなくなり、楽しめないと言われた。先生のあれは実感があって残っている」。

この人はその後も数年に一度くらい思い出したように連絡をくれ、そして、ほんの僅かなメッセージであっても、ずっと私と対話しているように感じていました。そしてこうして、蓋をとるか蓋をつけるかという二分法に引き裂かれるのではなく、彼の「蓋がつくれる」という防衛の質の良さを評価した自分の判断に間違いはなかったと思います。

このようにして、治療後の連絡を通し、彼の自然治癒力（自己再生力）とその表現力を発揮していくところを見せてもらったと思います。治療終結時の私はこの終わりなき展開は具体的に見えてはいませんでしたが、終わりある中断の際の見立てとしてその方向性は感じていました。果てしない未来が私にとっては見えにくかったのですが、それなりにあると感じた力の予測が時間と共に裏付けを得たのです。

そして先日も、或るセミナーでこの症例を発表した時、「この人の罪悪感はどうなっているんだ」と質問され、彼が選択した「修理係」という仕事は罪悪感の表明ではないか、と答えました。このように、治療終結後も何年もかけて成長していると考えられる例で、それも精神分析の欲動、不安、防衛、自我というような図式が頭に入っているからこそ、私は「蓋をつくること」という対応ができたのだと思うのです。

症例報告の「修正」を求めたケース

続いて、治療が終結し治療の報告の後何年も経ってから、発表内容の修正を申し入れられた症例です。つまり、終結後に予想外の展開を示したものです。境界パーソナリティの男性症例だったのですが、学会報告と専門書では内容的に特異な性的空想と活動、自虐的傾向があったという記述を行いました。しかし、数年経ってから、たまたまこの印刷物を読んだ彼から、内容的に事実とは違うところや理解できないところがあるという抗議を受けました。

最初の連絡に対し、私は身構えました。どうしようかと考え、瞬間的に、ひょっとしたら患者は面倒なクレームで私を追求するのではないかというファンタジーも抱きました。しかし、これは慎重に対処せねばならないところであるし、誠実に対応し交渉してみようと決心しました。

お目にかかると、実は報告の変更を希望する基本的理由として、書いてあることが露骨であり、恥ずかしいという、彼の感じ方を切々と伝えられるのです。今では自身の家族がいて、もし万が一友人や知人がこれを読んだりしたらと思うと心配だから、できれば内容を修正して欲しいという希望が基本でした。さらに、発病当時や治療中の多くのことを彼が覚えていなくて、書いてあることが本当に自分のことかどうかも自信がないと言うのです。もちろん忘れていたことなのに「暴露された」というような、彼の怒りも私には感じられました。

会談を数度行ってよくわかったのは、そこに書いてある内容について自ら「人でなしみたい」に感じ、あらためて読むと自分の過去について羞恥心が強く刺激されたということです。そして、クレイマーとしてすでに発表したものを回収してほしいというような無茶なことを言うわけではなく、どうしたものか、専門家として考えてほしいと希望されるのです。実に、成熟した、大人なら常識的にそう思うであろう、切実で誠実な主張でした。

プライヴァシーに関わる細かいやりとりの詳細は差し控えますし、そのやりとりの内容が報告の目的ではありません。結論的には、出版物が改訂される時には、何か所か表現を曖昧にして「修飾」する（修正ではなく）という、私からの提案となりました。そして私は、終結から何年もたってからの彼の変化を知ったことに対して感謝しました。

振りかえってみるならば、当然、自我の成長や人生における時間的変化は治療終結後にも起こるわけです。そして、時間経過の中で家族の視点からの意見を持たれるようになり、連絡された際は不満も表明され、それを受け止めて私が不安になりましたが、実際に会ってみて彼の側の成熟した気持ちがよくわかったのです。そして彼は、発病していた頃のことの詳細をよく覚えておられず、私の対応と説明に納得されたと思います。

私もかつての「信頼関係」を踏まえて交渉したことと私の対応が意義ある結果を生んだと思いました。私は、学会の報告や発表された印刷物は、合理的な理由さえあるなら修飾してかまわない類いのものだと考えています。D・P・スペンス（Spence, 1982）の言葉を使うなら、「歴史としての真実」は変わらないが、「物語としての真実」は改訂されるのです。

そして、患者が治療報告で語られた自分というものを見、そこに描かれた自己がさらに深い羞恥の対象となるという終結後の連絡と面会では、私にとっても理解の深化や治療的接触の機会だと感じられ、最後は一種の畏怖の念すら抱きました。それは自分とその家族を守ろうという彼の責任感と自尊心の表明となり、私自身が大きなことを学んだ、とても手応えのある会談となりましたし、人間の「覆い」を扱う精神分析が力強いものであることを学びました。

私たちの臨床の仕事は主に「裏の仕事」であり、私たちは表でも仕事をし、学会発表や出版活動を通し、外と裏の間を行き来するところが、患者にとっての自我境界に対応するものであることを知りました。私の学んできた精神分析的理解はそのことを可能にしてくれるものであり、治療後という実際に会っていない瞬間もその内と外の間で学び続けています。

ありがたいものと些細なもの——時間が経つということ

最後の症例ですが、初めて報告するものです。それは過食嘔吐を繰り返す自己愛的な独身女性で、週一回カウチを利用する自由連想のケースでした。初めて会った頃から二十年の経過で、ゆっくりと変化していきました。が、最初の頃から変わりのない訴えとして、自尊心が低くいつも自信がありませんでした。過食嘔吐と低い自尊心以外の訴えとしては、孤独で、人間関係が総じてうまくいかず、自営オフィスを経営している彼女は特にオフィスのスタッフとうまくいかないのです。それともう一つの問題は、気に入らない容貌、体格、顔のシミなどを妄想的に気にされ、ますます自信がないので、自分ばかり責めてしまうことでした。

食べ吐きという主症状は、ほとんど変化しませんでした。二〇一二年の日本精神分析学会のシンポジウムのテーマは「対象喪失」ですが、彼女は時間と共に物や人を失うことが実感としてほとんど経験できないのでした。しかしながら、少しずつ変わって来たことがあり、その代表が治療関係です。最初は「価値がない」というのが治療に関する彼女の評価で、治療をすぐに止めたくなって、二回ほど中断していました。しかし、十年くらい経って、毎週一回は来ることに「ここでしかこういうことは話せない」という価値を薄くですが認めるようになってきました。そして七年くらい前に対面法からカウチの自由連想に移行していきました。

しかしながら、こういう関係性という目に見えないものの変化は、彼女にとって意識的には大したことではありませんでした。現実にはちゃんとした自営業に就いておられて、仕事は大体こなせる方で、お母さんの世話もきちんとしておられました。そして、何も変わりないものとして、この過食嘔吐のやり方がある意味絶妙だったと思うのです。つまり程度が一定範囲内で収まっていて、体重も体形もほとんど変わらず、過食してトイレで吐いて流す行為だけが淡々と毎晩のように続けられていました。

それは実に、いつまでも時間の経たない、無時間の世界でした。セッションでは目に見えた成果も得られず、無駄に繰り返されているという感じは双方に生まれました。つまり十五年も治療に来たのに、無駄に時間を費やしていると言うのです。その延長上で、二年ほど前、患者の年が五十台になり、何も良いことがなく死ぬことになるかもしれないと言い、人生の有限であることを考え始められたのです。治療の経過と共に、この限りある時間が問題となった「うつ状態」の体験は画期的なことだと思っていました。後から考えると、これが一種の地殻変動の兆候だったのです。

そういう変化を感じていた正にその時、二〇一一年の東北を中心にした大震災が起きました。これをきっかけにし、突然彼女は三十年ずっと続いていた食べ吐きを止めることになりました。遠く離れてテレビで震災の被害を見た彼女にも、この度の震災は非常に大きなインパクトを与えたのでした。

体験を私が再構成しますと、大震災の光景の意味は彼女にとり想像を絶する喪失だったのだと思います。テレビ画面で、大事な家が流され人が亡くなっていくところを目撃し、彼女はその光景と自分が食べて吐いてトイレで流し出しているところとをイメージ的に重ねたのだと感じます。セッション中、そしてその後も数回、実は私も同じものを連想し、さっき見たばかりのテレビの光景と、彼女が吐いているところが重なったのです。

非科学的な比喩ですが、大地も人の心も一杯一杯になるとその溜っていたものを吐き出すのだということです。ここでこの比較を申し上げることには、実際に震災に遭われた方には非常に辛い、言葉にされるのも抵抗のあるところかもしれません。しかし、暗い面接室の中であの二つの光景は重なり、私の空想では人も犬もアンパンも入り混じって流されていきました。

それから彼女は二つの事実を分け、自分の悩んでいることが「些細なこと」だと知ったと言いだしたのです。行動面では、その後、一回の再発を除いて毎日の食べ吐きは姿を消しました。

それでも彼女は憂うつであり、顔のシミは些細なことだという洞察は、数週後は言葉の上だけのことのようでした。食べ吐きのある限り、感じる空しさは時間がたっても変わりがないという認識は共有されていたのですが、たとえ症状がなくなっても自尊心は低いままで気分は変わらず抑うつ的でした。セッションでも「些細なこと」という言葉が強く響かなくなり、その言葉が持ち込まれたことすら「水に流される」だけの会話となり、再び吐物として流されるような無駄な感じのセッションが続きました。そして、食べ吐きは消えても治療で得られる改善もここまでかと感じられ、再びこれで治療を止める話が出たのは震災の約一年後でした。そこで、共時性というのでしょうか、彼女の母親が骨折で入院し、肺炎を併発して生死をさまようことになります。

彼女は深く心配しました。それと共に、先ほどの、震災で何が「些細なことかがわかった」と言ったのと同じように、今度は「何が大事であるか」とか、「これは大したことではない」と、前よりは少し実感を伴って自分から区別して語るようになりました。

あるのが難しいという文字通りの意味と感謝という心理的な意味もある、「ありがたい」という日本語表現を私は取りあげました。その両義性を活用した解釈を繰り返すと、「些細なこと」「ありがたいこと」が治療のキーワードになりました。そして、彼女は私とはすぐには別れられないと感じるようになり、見下していたオフィスの得難いスタッフを「素直なスタッフ」と感じるようになりました。やはり顔のシミのことなんか些細なことで、スタッフに見守られているのはありがたいことであると感じ、些細なことやありがたいことが前より確実に区別できるようになったと思うのです。

確かに津波と震災の光景のもたらしたインパクトが彼女と私の心を震わせたのだと思います。しかし、彼女の心はその前から地殻変動を始めていたのです。それは、このまま幸せになれずに一生を終えるという、人生が有限であるという認識に表れていました。そして、何十年も彼女の心が満杯になって繰り返し吐き出していた吐物と、一瞬の津波の映像が重なった「おぞましい」光景は、面接室で共有された重大な事実であると強く感じます。

彼女も、食べ吐きと津波の光景を重ねる連想を恥じているようで、その後は触れていません。しかし、食べ吐きで彼女は多くの対象を流していたという心的現実に目を向け、まさしく本当に見にくいものを見たのだと私は思います。私の体験としては、吐物と大津波の光景が入り混じった「おぞましい」光景は「ゆっくり」と流れるスローモーションであり、フィクションでもニュースでも見られない、現実のどこにもない想像を絶するものとして、「ゆっくり」と時間をかけて目撃しました。

自然に、その二年後この治療は終結を迎えました。終結を一度決心しながらも、予定された終結の日まで、彼女は揺れて迷いましたが、その動揺の結果、「自分」の自信をつけるためにも「やめてみる」ことを決心しました。勇気のある決断だったと思います。

5　結　論

私はこのように長い年月をかけて、見えないもの、見ることが難しいものを少しは垣間見るようになるという学び方が精神療法の中核にあると思います。そして、この分析的治療者が精神療法を学ぶことと患者の治療的変化そのものは、同時に起こります。

そして、皆さんの多くが対面法で精神分析的精神療法を行っておられるのだと思いますが、対面法のセラピィと比較して精神分析の自由連想の決定的な違いは、後者では相手がほとんど見えないことです。精神分析は心が見えないことに自覚的であり、主に闇を見るという設定で見えないものを見ようとするのです。心は見えないのであり、カウチを使用する際は、相手の見えない設定を作って、見えないことを見ようとする仕事を行うのだと思うのです。この設定の問題から対面法の精神療法も、学ぶところが大きいのだと思います。

以上お話ししましたように、精神分析が扱うのは、明るい場所には不向きな、むしろ暗闇であっても時間をかけるならば見えてくるような光景とそれに伴う体験だと思います。つまり、明るい場所での研究や短時間の調査ではまったく見えてこないものを扱うのです。臨床では「患者を診る」「看る」と言いますし、精神分析的精神療法では対面法で見ることも大事ですが、見えないこと、それもとくに未来の見えないことから学ぶことの多いことを強調しておきたいと思います。

私の場合は幸運だったかもしれませんが、最後に個人的な提案を言いますと、若い時からなるべく同じ場所で臨床を続けることです。そしたら当然、若いうちに重症患者の治療を引き受けて長く続けることになるでしょう。そして自然に、長く続けると、見えていなかったことがよく見えてきて、人の心の時間的成長について学ぶことは多くなるということです。

6　さいごに

私がこのようなことを言うようになるなんて、若い頃には予測もできませんでした。しかし、こうして患者の長い人生から学ぶことが多くなって、それが年をとってからの望外の喜びとなりました。

一寸先は闇です。しかしながら、多くの心理学的な問題は時間が解決するのだと思います。だから、なるべく治療者は、その自然な経過を邪魔しないようにしたいものです。

第7章　評価の分かれるところに――症例報告集と研修症例コメント

1　裏表という奥行き

問題の対象は多面性に満ちています。第8章で示される、表と裏という我が身の使い分けは、家族三人の「和」を壊さないための、三角関係が凶暴性や排除性をもたないようにとの「親心」に由来するものでしょうか。それとも、裏が見えないのは、裏に関する子どもの認識の未熟さや子どもの否認によるものでしょうか。どちらであれ、母親の下に子どもと父親を平等に共存させようという、嫉妬を抑制するシステムがあると思うのです。しかし、「見るなの禁止」が有効に働き、子どもにそのからくりを見せないようにしていても、時間と共に子どもの「私」がその錯綜性（複雑さ）を咀嚼できるようになったなら、子は「なあんだ」という納得を達成するはずです。

おそらく未熟な「私」は最初、排他的な二者関係の中に埋没していて、母親が第三者と「後ろでつるんでいる」ことを理解できないのだと思います。それを先延ばしにして見せないようにしているのが、「見るなの禁止」であり、それを下手に見せた時は、物語のようにとんでもないものを見たという外傷的な体験となることがあるのです。母親の多面性の割り切れなさや、両親の裏のセックスの大いに不潔であることを感じるのは、そういう消化できないものの急激な目撃に伴う、吐き気（嫌悪感）の体験に根ざしているのだと思います。

一部の患者たちは、お父さんとお母さんのセックスを見た時、あるいは見たと感じた時、あるいはその性交場面を空想した時、大変傷ついたと言い、おぞましい恐怖を感じたと語るのです。健康な人たちは、笑い話として、あるいは適当に隔離された特別な事実として覚えているでしょう。しかし、これを見て大変傷ついている人たち、あるいは完全忘却している人たちもたくさんいます。そしてまた、三角関係の葛藤の先鋭化を回避している親たち、三角関係の複雑さを隠している親たちも、その禁止の維持と解禁に時に失敗しているわけであります。

性生活だけではなく、さらなる母親の裏表に関する幻滅の例として、「見るなの禁止」が典型的な形で登場する『夕鶴』のケースをあげてお話します。これは第三者の登場しない、美女が裏では非常に傷ついていたという悲劇です。日本人は多くの悲劇を有していますが、動物と人間、表と裏、豊穣と傷つきという、二重性を乗り越えるにはその悲劇たるところを充分に理解することが必要でないかと思い、物語を私は活用しています。前半では母親的人物はとても健康でそして子どものような男を大事にして濃厚な関係を維持しながら、後半ではそれがゆえに相手の幻滅を招いてしまうのです。母親的対象は、理想化され豊穣な生産性を有しながら同時に奥で傷ついており、表の生産は因果なことに裏の傷つきを生み出すので、「見るなの禁止」が破られると否応なく急激に見苦しい母親像と痛みに直面し、我々は幻滅するのです。

2　症例報告集から

私が症例報告を行った『覆いをとること・つくること』という本があるのですが、その中に私の取り扱った約十例の症例報告を行っています。その十例のうちの約七例くらいの患者さんが何ものかの表と裏やその食い違いにこだわっておられます。みなさんも思春期の時に多かれ少なかれ、表向き優しいけれど裏で鬼のように怒る母親とか、あるいは表向き上品ぶってるけど裏でとんでもない姿を見せる父親とか、その二面性に悩まれた方がいらっしゃると思います。そして、その全体像をこなすことがうまくいかなくて、その矛盾する二面性や、食い違う表裏が、うまく処理できなくて苦しんでいる子どもたちの症例に私たちは毎日のように出くわしています。

もちろん最初、具体的には親の問題としては語られません。でもやがて悩ましい「心の台本」の起源として、そういう親子関係の問題が語られるようになることがあります。表向きお前勉強なんかできなくていいんだよって言いながら、試験の点数が悪いと非常に悲しそうな目をする母親、あるいは「大丈夫、大丈夫、うちはお金はある」って言いながら経済的破綻で首をくくって親父が自殺したケースもあります。学校では、表面的には理想的な先生だけど、結局裏で母親と通信簿を見ながら成績の悪い息子のことを語り合っている教師がいて、それが裏で「つるんでいる」という表裏のギャップが問題になります。あるいは、表裏のある医療もそうですね。また、大学の先生も、表向きお前は遊んでいればいいと言いながら、同時に論文書けないと大学院に進学させないと言うのです。

そして、この矛盾がきついと問題の二面性を取り上げるのが難しいことになり、これらをこなすには慣れと或るキャパシティが必要なのです。被害妄想的な方々においては、「裏で情報がまわってるんでしょう」「先生のところに私のこと全部伝わってるんじゃないですか」「YESと言われても今うつむいたのはNOという証拠だ」、あるいは「このカーテンの裏側、この裏側にカメラがしかけられてるでしょう」「先生たち皆裏でつながってるでしょう」「私の成績みんなわかっているでしょう」と言われます。

表に対する急激な幻滅、あるいは裏の裏切りによる外傷体験は、これを当事者が語り合うようにできるなら理想的でしょう。しかしそれが簡単ではなく、それで怒っている患者さん、あるいはこれについて言葉で言いたいことが言えない患者さんたちの臨床問題は後を絶たないことを知ります。

その広がりを単純化して、私の本から提示しておきましょう。表の中の数字は拙著『覆いをとること・つくること』における言及頁です。左に並ぶのが対象の表裏を見ることが問題になったケー

症例	対象の裏表について	自己の裏表について
A	40（父と母のチームプレィ）	38（症状を隠す）
C	54（治療者の矛盾）	
D	80（治療者の遅れによる幻滅と中断）	
E	90（メモがまわっている）	
F		116（自分の表と裏）
G	131（カーテンの裏が不安）	131（笑顔の裏）
H	156（裏表の混乱）	157（薬の盗み⇒裏表を整理）
I	174（家族内の秘密）	
J		191（言葉による「見るなの禁止」）
K		209（生きているふり）
		218（心の裏は筆舌に尽くし難い）
L	224（サザエさんのような家）	
	246（オペラ座の怪人の比喩）	

症例における表裏の体験

スであり、右に自己の表裏が見られた側として問題になったケースです。

左に示されたのは対象の表裏の問題であり、右欄は自己の問題です。〈つう〉の豊穣と傷つきの二重性は、〈与ひょう〉の欲望と罪悪感の二重性と対応しているのです。臨床に携わる私は、理想化された人間関係論だけに終始せず、その幻滅と醜さの取り扱いを紹介しないといけません。なぜなら臨床では、この「二重の交流」を笑い話のような形でスムーズに通過できない症例が多いからです。

例えば親の性の在り方を外傷的に発見したと語る症例Ｌでは、彼女の家族はサザエさんのような家だったそうです。確かにそうですね、サザエさんの家にはセックスはないようです。しかし、毎日のようにお父さんが通っている人の家でお父さんがセックスをしていることがわかったのです。サザエさんのような家の彼女にセクシュアリティが突然のように襲いかかってきて、それで彼女は混乱したのです。状況は「オペラ座の怪人」の比喩で整理された面があり、好きな男性が表面的には大変誘惑的な男なんだけど、裏側はとっても醜かったというわけです。その両面性による「見にくさ」や「分からなさ」をこなすことが彼女の課題でしたが、それができるようになって、今は少し落ち着いて、お母さんになられ、ご自分は奥行きのある人生をおくられています。

私たちは表向きの交流と裏の交流の両方を使い分けています。その使い分けている両方の全体を総合することが、あるいはその複雑さをこなすことが私たちの人生を前に進ませるのです。やがては、自分の表と裏をそれなりに総合的に取り扱えることや、その間を生き人間臭い奥行きを知ることが、「私」を生きやすくさせるのです。

3　分析的治療の方針――「ここだけの話」

精神分析的な治療は、裏と表のために幻滅したり裏切られたりして苦しんでいる患者さんと、言葉で語り合うことが原則です。消化できないものを抱える「心の胃袋」のために、多くの「未消化物」を抱え込んでいることについて語り合い、話し合うこと、それが私たち精神分析の提案です。日本の親子の良い面だけではなく、最初はうまくいった場合もその姿について少しずつ幻滅していく過程で、お母さんもそれと同時に女だったんだ、あるいはお父さんも聖人君子でなく一人の人間臭い男だったんだと言うことを知る過程について、何度も考えてゆくのです。あるいはお金があるとか生産性が高いとかで表面的に豊かであっても、裏の秘密として見にくい真実や、わからない真実がたくさんあった、というわけで「私」は表と裏の両方を扱えることを目指すことになるのです。特に、鶴女房の話のように、母親的対象の傷つきは自分の責任だったという因果関係は、自己に強烈な苦痛をもたらすでしょう。

自然は表の美しさと裏の傷つきを交替させ、失敗あるいは裏切りを繰り返してしまう、そういった反復が私たちの普通の人生物語にもあると思うのです。これは今ここの私にも二重性があり、私自身も表向き元気そうに見えていますが、裏では調子が悪いかもしれないのだし、同時に傷ついているかもしれないのです。読者の皆さんだってそうでしょうね。こんなところで笑って話を聞いたり読んだりしている場合かって言いたいところかもしれませんし、皆さん、家の中では「台所は火の車」で、「自転車操業」ですよね。「自転車操業」というのは、懸命に漕いでいるから走れているのであり、漕ぐのをやめたらすぐに倒れてしまうのです。あるいは「アヒルの水かき」とかいう、すました水面と忙しい水面下で、矛盾する表と裏を分裂させる「同じ台本」を悲劇的に繰り返してやめられない症例も多いのです。

対象の表と裏についての臨床的処理で、だいたいの治療指針を申し上げておきます。一部の統合失調症のように裏と表を混同してしまうようなケースには、まずは裏表を作って何とか表と裏を分けていく必要があるのです。それだけでも、途方もなく長い時間が必要になるプロセスかもしれません。外と内の間の「中間領域」で外の糸と内の糸を織り込んで「心の皮膚」のない人々に「肌着」や「服」を織り上げていく、縫い上げていく、紡ぎ出していくような作業なのです。

一方表と裏が交替して、その二重性で幻滅や裏切りを繰り返している人たちには、広い視野をもって、両面の二重視を行い、総合したり統合したりすることが課題となるでしょう。その困難を強く有する人々については、境界パーソナリティ障害という名前がついています。さらに、自分の表裏の葛藤に苦しんでいる人たちもいて、美女が同時に醜いし、豊かな生産性の高い人が同時に傷ついているという矛盾に悩む人たちについての治療は、その葛藤を噛み締めて生きることを目指すものです。神経症と私たちが呼んでいるケースでは、人格のまとまりを生かしながら、こういう葛藤に強くなることが大事です。

健康なケースでは、私たちがご紹介した、「なーんだ、父ちゃんも母ちゃんも」と、その表と裏を統合して笑える、あるいは聞き流す、見逃すのです。またこうして文化を活用して学んだり、物語をフィクションとして楽しみ、笑って済ませることも健康のためには大事であり、だから春画のことを「笑い絵」というのです。

そして、表も裏もなくなるという精神病理現象の中で、文化を引用することで簡単には取り扱えないものは無限にあります。が、このセクションの最後に、市場に出たかなり「えぐい」春画によって、いかに作者と鑑賞者が体の内部に入りこんで体の内側の光景を見たがっているかを示すことができます。そこで作者の目は、ペニスになったり、誕生前の赤ん坊のものになったりしているの

英泉「倣解体新書写」

です。第5章の女性ケースの言葉を借りるならば「えぐいこと」は、サドマゾの倒錯的性行為を描く裏本や、陰惨な浮世絵版画にも、見事に描かれています。

　この春画の絵は女性性器の内部ですが、人には指先が目になり、このような世界を空想しながら快・不快をビビッドに感じて生きている部分があるのです。この種の「笑いごと」ではない精神分析的深層心理学で忘れてはならないのは、クライン学派の理解です。つまり乳房やペニスが部分的に体全体から切り離されて心的世界のあちこちに出現するという、文化的にはこれも裏に隠されやすい、笑えない現象です。その「病的」世界では、対象は「鵺《ぬえ》」のようになり、世界はパッチワークと化します。

　例えば、母親に恋いこがれる女の子が夢幻状態や空想で女性性器にペニスを植え付けた体になり、母親の体と性的につながろうとすることがあります（例えば「同性愛的な強迫観念をもった女性症例」として私は報告しています）。けっして妄想患者ではありません。母子分離を帳消しにしようとする、この「性欲」は実に強固で、ある患者においては自らの女性性器にペニスが生えているという「おぞましい」考えはなかなか消えないのです。これを動機づける心理をいくら洞察しても、文化的に「みんな」と共有される象徴表現も簡単には得られないので、笑いごとではないのですが、まさに精神分析的な理解は可能なのです。

ただ、私との「ここだけの話」で、心の未消化物が言葉になったことは、分析室における二人だけの「文化」となって意味を理解され、彼女は幼い時からの「心の秘密」は「置き場所」を得るわけです。もしも、こういう世界に驚きと吐き気で反応する初心の臨床家はこの世界は目を凝らして見ない方がよく、目を瞑って「みる」ほうがいいかと思います。そして例に挙げた裏本も好き嫌いはあるでしょうが、つまり評価の分かれるところですが、一部の臨床家の「慣れ」に確実に寄与するところがあるのです。

4　評価の分かれるところに身を置くこと――三例の研修症例へのコメント

それでは治療者としての「周囲から割り切られない／自分でも割り切れない」仕事に関する具体的な考えを、初心者への助言として以下に掲げます。これらは最近の学会で発表される症例報告に対して、私がその場でコメントした時のほとんどそのままの記録です。そして、多くの局面で生物学的なもの、身体的なものが重要なキーワードとなることを示したいと思うのです。つまり今から二十年前の『心の消化と排出』で示された有機的な言葉による理解は、私だけに求められるところではないのです。そして偶然ですが、セラピストが男性で、女性の患者さんが多いところに注意して下さい。つまり形式的には男性性対女性性というシンボリックな世界の表れなのですが、中身的にはその交わりがただただ有機的なのです。

そして、この有機的な内容を意味として文字化し置いておける白紙、この白紙と言葉になることが理想のセラピストの在り方だということを強調しておきましょう。

裏切りと吐き気

第一に強調したいのは、第一例のセラピストはなかなかよくやっておられて、発表も、この原稿においても、何とか複雑な出来事をこなそうとしておられるという印象がありました。それで、これからあれができていないこれができていないという指摘を行うことになりますが、それでも、よくやっておられて、発表原稿においてはさらにわかりやすくなっているところを第一に強調したいと思います。

一方、私もまた、この報告をしばらく心の中に置いて、こなれるのを待ちたいという思いがあり、当日のコメントの段階で言葉にしたことは、私自身の早すぎる言語化であったのかなと今でも思うくらいです。

しかし、私があの場で言った言葉をここで記す時に変えるのは、学ぶところの多いこの研修症例では意味がないので、私はむしろ当日言ったことをできる限りそのまま再録してみたいと考えます。

まずは質問したことなのですが、身体症状として嘔吐はないかという私の問いかけです。対して、嘔吐はないが吐き気はいつもある人で、実際のところ、面接の前に吐き気が止まらなくなったこともあったという答えでした。ということは、基本的に汚いものを押しつけられた人だというのに、その吐き気についてほとんど記載がないのが、セラピストの側の不思議なギャップとして存在しているケースなのです。どう考えても、嫌なもの、汚いものを押しつけられて吐けないまま外傷体験となった人なのだから、出したい、吐きたい、洗い流したい、排泄したいという気持ちを受け取るのが最初から重要となるケースだったと考えますので、記述の中に嘔吐や吐き気がないというこのギャップはいかがなものでしょう。

吐きたい気持ちを汲む、あるいはそういうものをぶつけられて抱える、あるいはその嫌悪感を逆転移として抱えながら、中身を消化できる言葉にしていくことが、ビオンたちが言うように重要な仕事ですね。彼女のぶつけたい、吐きたいという身体的な感覚のことやその内容を、まず言葉にしてもらいたかったと、第一に感じます。発表者が過食という身体化には目を向けていたが、吐き気のそれが記載されていないことが、つまり意識から抜けていたということが、実に不思議なくらいに感じられます。

そして、知的に障害があることが疑われるのですから、心理的な消化能力（こなす力）が低くて、身体的にだけではなく、心理的に未消化物が溜まりやすい人なのでしょう。報告の中でキーワードとなっている「汚いもの」とは、吐くに吐けない、下痢するに下痢できない、未消化物なのであり、知的に能力が低いと溜まりやすいものでしょう。

その上、外に出るといろんなものをさらに突っ込まれるわけですから、当然、食べてこなしているふりはしているのですが、「外傷」を未消化なまま抱えていたのではないでしょうか。先生にそれを抱えてダイジェストしてもらいたかった、押し込まれ突っ込まれたままではなく、「憎らしい」お前に向けて「あんたのもの」として押し返してみたかったのは、そういう未消化物なのでしょう。

そして、この症例のもう一つのキーワードは「裏切り」だと思います。対応がずれると裏切られた思いがすると彼女は言っているし、やがて彼女自身が先生を裏切りますね。おそらく、彼女に性的に近づく連中とは、優しく近づいておいて、いやらしいことをするという、表裏の激しい裏切り体験をもたらしているのでしょう。世の中で「汚いもの」とは、一方で優しいのに一方で拒否したい、飲み込みたいが飲み込めないという、そういう矛盾した割り切れない未消化物こそが、外に出すなら汚いものとなってしまうものたちではないでしょうか。この観点から見ると、表向き優しそうな人が裏ではとってもひどいことをし、甘いことを言う連中が苦いことを押し付けるという、二重性ゆえの幻滅や裏切りこそが、うまく「こなせない」ものとなっているはずです。そしてセラピストも男だし、そういうことをやりかねない対象でしょう。

以上のような、症状としての「吐き気」と、過去に起きた外傷体験と、そして治療関係の中で繰り返される「今ここ」の裏切りや治療的な課題、さらには知的障害があるために知的未消化物が溜まりやすいという問題、という具合に、このケース全体を見通すための診断、あるいは見立てがあればもっとよかったかなと思いました。そういう理解があれば、彼女が先生を見事に裏切ったり、洞察を得た瞬間に性的被害を受けるとかの、臨床現象の「裏腹」なところが、もっとこなせると思うのです。

そして、最後にこのケースが終わることになるのは、セラピストがクライエントの方を向いていたのに、発表を決心して外の方を見てしまうという、発表者の「裏切り」の可能性であり、ここで起こっていることに彼女は反応してしまったんだと考えられるのです。私はこれまで、治療途中で学会発表したら悪くなったケースを聞かされたことが何度かありますが、今回の演者の場合はひどい終わり方ではないにしても、そういう側面はあったのではないかと思います。そういう対象の二面性とか、二者的交流に急に外から第三者性を持ち込む時とか、非性的な対象が急に性的な側面を示すこととか、幻滅や裏切りが、反復して終結となってはいないかという、これからの吟味は有意義なものとなるのではないでしょうか。

しかしながら、私がここで言うところの心的未消化物と有機的な汚さの問題を言葉で結びつける文献は精神分析の中に多くないと思います。ところが、消化する、こなす、吐き気、腑に落ちるなどの日本語の身体語彙は、この領域に接近することができるのです。そして、これらを使用してケースを再考するなら、さらにケースを心の胃袋に「置いておける」ようになるでしょう。それを私は期待します。

例えばセラピストが一杯食わされたり、裏切られたりして、怒りを感じるところがあるのですが、あれは患者が一番困難に感じているところであり、患者は主治医に行動化して喋っているわけです。そこで情緒的に反応してしまうセラピストは、その彼女の裏切りを通して彼女が一番伝えたかった「裏切り」の体験を伝えられている。消化できないで性急に解釈するのではなく、つまり吐くのではなく、腹の中に置いてのたうちまわった後に言葉にしておられたら、と思うところなのです。それは、我が身を貫いた、患者とセラピストの間でしか生まれない言葉で「こなして」伝えることこそ大事な営みなのでしょう。

言葉とは、格好つけて、口当たりの良いことを口にする方法ですが、この著者のものはセンスのいい、良質の言語化能力を感じます。そして今回、この著者が、性急な解釈の要請に対して、心に置いておけるようになる包容力の課題を、私との出会いの後日談として書いておられることは、実に以上の対話の持つ力によるものと判断していいかと思うのです。そして実際に、消化しようとして消化しきれないものを、今また、何とか言葉にすることで、対話に深みと奥行きをもたらすことになったのだと思いました。

男女の「あやしい」関係

この事例が発表された学会の直前に、発表原稿を元の形で読ませていただきました。その時は、実は同じ学会における私自身の講演で取り扱う症例（第5章に掲載）と、議論が重なると思いました。それで、あまり重複してものを言わないように、この症例の個別性というか、個性みたいなものに関心を向けました。

ただ最初に、性愛的な問題が課題としてあったけれども、それをうまく取り扱えなかったので、その点に関して「ご助言いただきたい」というセラピストのご希望がありました。これに対しては、それはセラピストご自身の臨床問題であり、これしか方法がなかったとしたら、そこをどうしたらよかったのかをご自分で考えてみることに向けて、私は助言したいと思いました。この患者もまたなかなか責任をとらず、相手に決めてもらうという傾向がありますね。治療の終結に関してもそのようでしたし、男性とのおつきあいに関してもそうなのでしょう。最初は、誤解されやすく、自分がいったい何が欲しいのか、何が大事なのかっていうことについてなかなか自身で決定できないという、彼女の「待ち」のポジションが、やはりセラピストにも表れているように見えました。

もちろん基本は、この人はどういう人なのかという見立てです。論文にも事例の特徴がたくさん書いてありましたが、我々が共有する言語で精神分析学会という枠組みの中で主張する必要性を第一に指摘したいと思います。つまり、どのような枠組みで理解し、何が課題で、どうしたいのだけれど、どうできなかった、そして、今後こうすべきだと思うという著者の主体的な判断をお聞きしたかったのです。その主張が、最終的に完成した、掲載論文によく出ているように思います。それは、性愛化していたと周囲が想像するのは、誤解であるという主張です。

わかりやすいモデルに還元するならば、治療において彼女が「父親との非性愛的な依存関係」が達成されたというような経過報告です。それは重要な達成だけれど、仰るように、もし問題がヒステリーメカニズムであるなら、性愛的なものとどう出会うのかが課題だという学会の基本的な考え方に向き合う必要があります。そういう外の観点からは、関係性が性愛化していくことに彼女がどう対応していくのか、あるいは分析的治療者がこれをどのように考えるのか、という疑問形で未来の課題が残ったということです。しかし理解が性愛だけに偏るのは誤解なのかもしれませんし、もし誤解ならば著者はその内側から考えをクリアーに主張せねばなりません。

つまり、彼女が非性的交流を求めても男性たちは体を求め、また女性たちも誤解してくるのですから、外から誤解されやすい関係について内から「説明責任」を果たす必要があるのでしょう。そして最後に、それを彼女は果たしたようであり、それをこの著者も今ここで果たしているのですね。その主張は異性関係における不一致やエディプス的三角関係の困難をこなすためにも必要であり、若い著者においては価値の高いものであり、彼女の成長は著者・治療者の成長と並行していますね。

治療者も、問題の解決のためには、まずは発生論的モデルによるシンプルな見立てを構築しなくてはなりません。初めての異性としての父親というものの存在感の希薄さが年上の男性との依存的反復になってしまい、交際する男性やその妻に誤解を生みやすい関わり合い方になるところは当然転移・逆転移関係にも現れています。というのも、非性的な異性関係は誤解されやすい関係なのであり、ご本人たちには「二人」は性的でないと言われても、私自身もまた、そこに性的ニュアンスを推測してしまいやすいのです。

つまりこの事例では、「心のつながり」を求めている傾向が顕著なのですが、どうしても周囲は性愛的な印象を持ちます。実際に、性の話が普通よりも頻繁に話題に上っており、むしろ取り上げやすいと思うくらいに出てきています。同時に、この著者にはほとんど興奮は認められないのですが、セラピストが性的に興奮してもおかしくはないような話の内容があり、性的ファンタジーがすぐそこにあるような印象すら生まれるのです。しかし治療者は、性愛に抵抗する彼女のニードを汲んで修正感情体験につないだのですね。治療者は性的には大きく刺激されなかったようですが、この種の問題に接して私がいつも思うのは、治療者が「性愛にゆっくりと移行したい」という女性のニードを理解する必要性です。それは「誠実な誘惑者」であることを自覚し、性愛を感じながらもそこにいることこそが私たちの役割じゃないかなということです。

それでも、男性の治療者が女性のヒステリーのメカニズムを取扱う時に、技法論についてよく知っておいた方がいいことを最後に一つあげておきます。この患者の話の中にも出てきた「途中で断る」という表現もそうですが、「強引に迫られるが未遂に終わる」とか、「誘われるのだけど、そういう関係にはならないようにしている」とか言いますね。つまり、こちらが彼女を誘うと、男がその気になるのは誤解だと言う彼女がその直前で断ってしまうというような、関係の反復を有しているようですね。

おそらくそれは、フロイトが症例ドラで経験したことでしょう。フロイトが彼女に気持ちの上で迫って、のってのって、ほとんど何か起こりそうみたいなことになるような盛り上がりのピークで、ドラはパシッと治療関係を切るのです。

彼女たちは、セラピストの言う「性愛自体が性愛的にはならない」関係を治療者に求めるので、性急な男性治療者は身動きとれなくなるのです。そこを「性的な」解釈をしても、「いえそんなことはありません」と否定されてしまうかもしれません。だから、「誤解を恐れず言うのですが、依存的になる相手について、あなたはセックスについても関心があるんだけれども、そのことについて相手から積極的に触れられると、いやそんなことはないですって言ってしまうところがありますね」っていう抵抗解釈をし、「ここでもそうですね」と転移解釈をしてみるとしますね。すると、それを「そんなことはないです」とまた否定され拒否されるという、つまり治療者の「性的」介入に対する抵抗の反復と理解がこの治療でもっとあってもよかったと私は思います。実に教科書的ですけれど、この手続きこそ「性愛への移行」における正攻法であり、私たちが妥当な自らの性的欲望に関する抵抗を乗り越え、同時に彼女たちの抵抗の取り扱いから入っていかないと、移行的で中途半端であるがゆえに誤解されやすい彼女たちの性の領域に簡単には触れることができないのです。

清潔な治療者

ここで取り上げるコメントを行った、精神分析学会の教育研修の症例はなかなか大変な事例で、総じて失敗だったとか、こんなふうにしたら結果が良かったのにとは思わなかったものです。正直、最後の印象として、これで終わって良かったのではないかと感じました。

というのは、発表された治療者の逆転移を聞いていると、非常におぞましく語られ、それは抱えきれない、大変な事例だという感覚を私も覚え、同様の感覚を治療者が持っていたのではないかと思うからです。そしてもし治療者が続けて診てあげたかったのなら、例えば、今からでも治療構造を工夫する余地があるのなら、治療者がもう少し理解を深めてみることを提案します。

本症例では、様々な精神分析的理解が持ち込まれていますが、問題を未だ何かに絞り込めていないようです。ただ、もし治療者がもう少しわかっていたら、さらに継続の可能性を探求していくとか、開拓していくとかという気持ちになったのではないかと思います。絞り込めていないということは、ある意味わからないケースなのであり、よくわからない人について治療を続けるというのは無責任だと思うのです。

さて中身に関して、治療者は「裏切られた体験」と書いているのですが、どう読んでもどこが裏切りなんだと疑問に思いました。裏切られるというのは、阿闍世コンプレックスにも出てきますが、約束していたものをしてくれないとか、表と裏の食い違い、つまり裏腹の世界に対し恨みとか憎しみを抱くものです。それで私は、患者が自ら「裏切られた」と言っているのかどうかを治療者に確認しました。それによると、患者自身が「裏切られた」と言っていたのですが、患者の裏切りというのは、「こうしてくれるはずだったのに」とか「こうあるべきだったのに」、そういうふうにはならなかったこと、つまり期待していたのに親や夫から応えてもらえなかったことを、複数回述べたということでした。その裏切られた体験の結果として、患者は自分が鬱陶しがられたとか、醜い自分、汚い自分だから、みんなに愛されないんだと語っています。

だから、性愛に関しても、いろいろ複数の関係を持ってしまうのは、なにか醜い自分に関する自己意識の問題のように思われました。というのは、もう少し理解を整理するなら、治療者を誘惑する性愛的な患者、つまり誘惑的な彼女というよりも、「醜い私」または「汚い自己」を治療者に受け入れてくれと迫っているという理解が可能だと思うからです。そして、その裏切られたというのも、対象の矛盾というか、幻滅というか、私の期待を裏切ったという、ある意味で問題は汚い対象、醜い対象です。この場合の対象は、表面的な対応を表明しながら、裏では別の面を見せるために、トータルな対象としてはまとまっていないのだと私は考えます。それが醜い、汚いために、全体の対象像としてはなかなかまとまらないことに対して、醜い私、汚い私、こんな私を先生は受け入れてくれますかと迫っている。にもかかわらず、先生は清潔だし、受け入れてくれないなと疑っているように私には見えました。

だから、この患者の対象希求性というのも、甘えたいのか、性欲なのか、虚しさを埋めようとしているのか、どれなのでしょう。それは全部あるかもしれませんが、総じてまとまらない自分で、汚い自分、醜い自分、人に鬱陶しがられる自分です。この受け入れてもらえない醜さ（見にくさ）を、治療者は清潔そうだから受け入れてないようだと言い続けていたという、理解モデルを私は提案します。そうならば、「裏切った」というのもその裏腹の全体像が「汚い」と言っているのではないでしょうか。

しかし対象は、期待しているところとは食い違う面で押し返してきます。セックスをしたら下血されたというのも、私の自己は汚いもので突き返されたというエピソードだと思います。もう少し引いて考えますと、自分が汚い時にそれを治療者が受け入れてくれるのではなく、下血や吐物で返すのではないかという不安または不信があり、そういった事柄に関する「試し」のようなやり取りのように見えました。この場合に「甘える」というのも、魅力的な面も汚い面も含めて、まるごと治療者に受け入れてもらいたいという表現だと理解します。

こうして私でしたら、「汚い」とか「醜い」を言葉にして、そういうところを受け入れて欲しいんですねって解釈したいと思います。あるいは、もっと前に戻って、鬱陶しがられているとか、性的な自分だって人にとってはなにか汚いもののように見られていると感じるのですね、と。同時に複数の男性と接触し、或る方とは不倫で肉体関係を持ってしまう。これって、すごく自己を汚くしている、または治療者が言うように、汚い所にまで貶めているのでしょう。その「汚さ」を解釈の中に盛り込んで、治療者がもう少し清潔な治療者ではなくて、見にくい治療者として、つまり汚いものを引き受けることのできる、または見にくいものを置くことができる受け皿として立ち現れる、あるいは向かい合う必要があったのかなって思います。

クライニアンがよく「排泄」とか言いますが、「排泄」というのは主に有機的なものの放出、醜いものの流出、あるいは相手に「ぶつけること」、またはその投影としての「押しつけ」を指します。しかし治療者が清潔な言葉を使い続ける限り、そこは取り扱えないでしょう。「甘え」だって清潔な言葉かもしれませんが、甘いものを求めているのだけれど、汚いものを受け入れてほしいという欲求も含んで「甘え」なのだと思います。だから、「受け入れてもらいたいんですよね」って言う方が患者のニードにぴったり合っていると思います。そういう下半身のあるセラピーにならないと、患者の自己全体を抱えることができないかなと思った次第です。

最後に罪悪感の話が出てきますが、私は「自分が悪い」という罪悪感とは、「自分が汚い」の隣りくらいにある感覚だと思います。自分が矛盾しているとか、一貫性のない部分こそ、自分が不純なところであり、愛されていながら嫌われているという二面性やアンビヴァレンスを噛み締めるなら、その次に罪悪感が生まれてくるのだと思います。だから、罪悪感っていうのは非常に高級な概念であり、もう少し汚い、未消化の「一貫性がない」というようなまとまりのない感じを本人が自分の中に置いておけるように持って行って、やがて罪悪感を論じていく方がよろしいかと思います。

罪悪感というのは内に置いて噛みしめるものですが、汚さは親や治療者に洗い清めて欲しいものだと思います。だから、もう少し患者自身が醜い、相手は清潔だと言われていた、あのやり取りのところに長くご自分の身を置いて、相手のニードを時間と共に受け止められていたらいかがだったでしょうか。ただ、治療者は限界に達している「おぞましさ」を噛みしめておられたので、それだったら私はこれくらいで終わっていた方がよかったのではないかと考えました。

理論的なことを言いますと、クライニアンの言う対象像の全体対象への移行過程ですが、スプリッティングしている悪い対象と良い対象という部分対象と、そしてそれが統合された全体対象があるわけで、つまりＰＳ（妄想分裂ポジション）かＤ（抑うつポジション）かのどちらかという二分法の発想です。でもこの人が留まっているのは、その中間で、良いものと悪いものの対象が入り混じってしまっている場所なのでしょう。良いと思ったら悪いものに裏切られてしまいやすいので、どちらなんだってことになってしまうわけです。この時に出会っている対象は非常に醜いし、自己は汚い状態にあるのではないかと思います。そういう対象関係を治療者との間で行動化していた、あるいはアクティング・インしていたのではないかと思うのです。その時の私たちが経験する情緒や逆転移は、治療者が記載されているように「おぞましい」という感じ、あるいは吐き気や生理的な嫌悪感であり、それでどうしても清潔に振舞ってしまうという私たちの傾向が出やすい状態だったのだと推察します。

助言としてだけではなく、深い自戒の念を込めて。以上です。

Ⅲ

二分法をわたしながら

第8章　「見にくい」は「美しい」

1　心の台本

精神分析の仕事の一つは、人間が無意識に繰り返している「心の台本」を読むことにあるのです。人が繰り返しやすい台本とは、濃厚な母子関係などで過去に刷り込まれた可能性の高い、外傷体験や過剰に満足した体験の繰り返しです。その結果、悲劇的な人生をおくる人は、過去から引きずる悲劇的台本が反復されるので、悲劇的結末を何度も繰り返してしまうのでしょう。ですからこの台本を読み取れるなら、それを考え直したり語り直したりできるかもしれないのです。だから、私どもは何度も平均的にみんなが繰り返しやすい過去の発達というものを学んで、それからズレたり、或ることを執拗に繰り返して失敗する人たちを何とか理解しようとするわけで、その教科書が精神分析的発達理論なのです。

それで実際に乳幼児の観察研究をなさる方々もおられますし、私もまたこれに九州大学でしばらく関わらせていただきました。主に女子学生にお願いし観察させていただいたのは、私のような男の大学教授が観察しても自然な母子が観察できないからです。母子関係というのはある意味「聖域」であるし、誰が観察しても大きく変質してしまうところがあるので、何とか観察したい私がそこで思いついたのが日本絵画、あるいは神話や昔話を通した「観察」なのです。

2　エディプスの三角関係

精神分析の創始者フロイトは、人間の悲劇的反復を臨床と神話から取り出しました。神話とか昔話の中には悲劇を数多く見出せるわけで、そこをちょっと確認しますと、まず最初に話題になるのがエディプス神話の「エディプスの三角関係」を巡る、一般には「エディプス・コンプレックス」と呼ばれるものです。国際精神分析学会雑誌 *International Journal of Psycho-Analysis* にはシンボルマークみたいなものがあって、エディプスがスフィンクスと出会って、謎を解いているところを描いたものなのです。体が鳥と獣と人間女性の体を持つスフィンクス、つまり多面性、多重性の怪物と出会って問いを投げかけられる場面であり、西洋絵画ではよく絵になっている題材です。

これは人間の悲劇の根幹をなす、神経症的な生き方やものの考え方を、主人公エディプスの物語として上手に描き出してゆきます。広く読まれ鑑賞される物語は、読み取りにくい人間の反復を見事に描き出すからこそ美的な感動を呼ぶのであり、その観点から神話や昔話から我々が反復する物語を読み取るという、心理学的目論見が生まれるのです。

スフィンクスの問いは「朝は四本足、昼は二本足、夕方になると三本足になる。このものは何か」という内容で、多面性を持つ存在に関する謎の答えは人間だったのです。それを解いたエディプスは、父親をそうとは知らずに殺し、その後妻を娶るのですが、その妻が母親であり、妻こそが二股かけて二面性を持っていたのです。フロイトは、人間の、子どもが同性の親を殺して、異性の親と結婚してしまった男の、分けるに分けられない二面性の悲劇を人間の普遍的な悲劇と考えたのです。それこそ、近親姦を「畜生道に堕ちた」というように、問題は人間でありながら動物であるという二面性であり、私たちは言わばケンタウルスで、マーメイドの子孫なのですが、明るいケンタウルスとは異なり、マーメイドのようにその二面性に悩まねばならないのです。

実は、エディプスの物語を読んでいきますと、お母さんはどこかのポイントで真実を知っていたように私は感じるのです。彼女は自分の主人が、夫が、自分の子どもであることに気付いていくのですが、彼女の「親心」はそれを見るのをやめさせようとするのです。隠された真実とは複雑で、お母さんに対する性的執着とお父さんに対する殺意という、見にくいお話なのです。そして、子どもがお母さんをめぐって父親と競い合う三角関係の物語が人の神経症には濃厚に表れやすいとフロイトは理解し、その錯綜した関係の悩ましさをエディプス・コンプレックスと呼ぶのです。『エディプス王』で真実を見たエディプスは最後に目を突くのですが、物語では「見ること」がきわめて象徴的であり、主人公は真実を追究しながら最終的に「見にくいもの」を直視できないで終わってしまうのです。そして、ここに隠された真実に対する「見たい」と「見たくない」という「動揺」や「苦しみ」が表れるわけですが、総じて主人公たちは見にくい真実に大騒ぎで反応し、それがあった場所に置いておけないのです。

3　『帰ってきたヨッパライ』

私は昔ミュージシャンだったのですが、一九六〇年代の終わりに或る曲をヒットさせたことがあり、それをきっかけにグループとしてマスコミにデビューしたのです。そして私たちのヒット曲『帰ってきたヨッパライ』の物語も、実は天国の女性をめぐって神様と争うという主人公の三角関係を描いていて、それでヨッパライは天国から追放されてしまうという結末です。こういう話をなるほどなぁとわかっていただける方は、あの曲の流行った時代や状況をリアルタイムで経験した六十歳以上の方でしょうが、若い方にはジュラシックパークみたいなものです。つまり、昔話や神話と同様、素材を今・ここでリアルに経験していない人には何のことかわからないのです。

しかし、私がなぜ精神分析に深く興味をもったのかというと、実はこの歌が原因なのです。そして、どうしてあんなにヒットしたのかという理由を問われるなら、それは普遍的な「エディプス・コンプレックス」を描いていたからだと思うのです。当時若者たちが展開していた「学生運動」も、大学での支配を巡る当局との三角関係で、私たちは夢想した「天国」から次々と追い出されてゆきました。つまりキャンパスでも、あのヨッパライの歌にある、天国でネエチャンを神様と奪い合ったという三角関係が展開していたのです。しかしただ言葉で描いただけでは、多くの人々の無意識の物語を語ることはできなかったでしょうが、私たちはテープの早回しで遊び心のある「奇妙な声」「不思議な声」を使いました。あの遊びと実験のおかげで、当時の若者たちに共有されていた現実や心的状況を見事に描出して感動を生み出し、広く支持されたのだという事実に、言葉で名前をつける精神分析という実践的学問を通して私は気付くのです。

さらに私個人にも、濃厚な三角関係、つまりエディプス・コンプレックスがあったから、「私」はその歌の内容を生きていたのだとさらに気づかされるのです。私の父親は実はあの歌の神様みたいな存在で、歌の中の台詞であった「なぁお前、天国ちゅうところは、そんなに甘いところやおまへんにゃ」と実際に言いかねない人でした。そして、私は歌の中でこの父性的な神様の声を担当し、正しく父親を「私」の心の中に取り入れて、歌の主人公に「甘えるな」「もっとまじめにやれ」と語っており、歌には、天国を目指す私と父との確執が描かれていたと言えるのです。もしも興味があれば、YouTubeで曲の遊びに満ちた「怪しい（妖しい）」声は今でも聞くことができますので、ご参考までに。もし聞かれるなら、最後の「畑のど真ん中」で「さめる」ところまでお聞き下さい。

4　母子像の構図

交流の二重性

歌で描出された大問題は、天国の女性たちが父性的な神様だけではなく、主人公ともつながっているという三角関係における女性関係の二面性なのです。同時に私は、こういう文化の中で「私」（歌の中では「オラ」と言われる）が天国から神様に追放されるという、文化を超えて反復して描かれるテーマ、特にその悲劇に関心をもったわけです。それで不十分な自己分析の一環としても、日本人の物語、昔話、神話の中の悲劇の分析に着手したのです。そして日本で描かれた絵の中に母子像が数多くあり、それを研究対象としたら面白いだろうと思ったのが二十年くらい前の気付きです。きっかけは、公文教育研究所が、皆さまのお勉強から得たものを文化に投資されたことです。子どもが登場する浮世絵をたくさん集めて、江戸子ども文化研究会編集でくもん出版会というところから『浮世絵のなかの子どもたち』（一九九三）という貴重な資料が出版されたのです。

私はそれに飛びついたのです。日本人に、日本人らしい母子関係や三角関係の発達があるとしたならば、おそらく「語られた過去」だけではなくて鎖国時代に「描かれた過去」としても絵になっているはずでしょう。つまり、昔私たちはこういうふうに育ったらしいというその様子を、芸術家たちが心的状況も含めて絵として描いていることが期待されたのです。浮世絵ですから百五十年前、二百五十年くらい前の、つまりビデオテープも写真も手に入らなかった時代の母子関係が観察できる可能性があるわけです。それを「観察」するために、私は、十五年くらい前に浮世絵を見渡し、四百組近くの母子像を取り出したのです。

そして母子像と言うと、浮世絵の歴史をよく知っている方ならすぐにピンとくるように、見にくい春画と美しい浮世絵は表と裏の関係で隣り合わせになっています。時には、母子関係を通して男女関係を裏表で描いており、母子像は「見立て」という象徴表現で両方の事実に二股かけているの

歌麿「雨乞」（CG による複製）

です。ある意味、男の夢みたいなものが裏に描かれていて、そういう裏だけのポルノまがいの本を今でも「裏本」と言い、実際に表の世界からは見にくくなっています。つまり、そこには表の情愛が裏の性愛と二重映しで見えるようになっているのです。

そして前頁の絵の中にも描かれた、母子の交流の二重性は一生続くようです。母子は表向き言語的な開かれた交流であっても、二者間「内」では身体的接触、情緒的接触によって直接的に非言語的に交流しているのですが、言わばそれが「ウラ・コミュニケーション」でしょう。二者間内の裏の交流や「つながり」と並行して、二人の間の外にある花やお月様などの対象と二者間「外」交流で関わっているという、内側でジョイントして外側にアテンションを向けているという二重の交流です。単に外を指差してあれを教えたりこれを語り合ったりしているだけではない、二者間の内外における二重の交流があるのです。そしてこの絵の中心に描かれているものとして、私たちはむしろこの後ろの交流が大事だと考えているという点を挙げるのですが、特にこれを私は「後ろのつながり」「裏のつながり」と呼んでおります。

そして共に肩を並べながら身体的交流・情緒的交流を繰り返しながら、共に同じものを見て、「お魚」とかの言葉を覚えていくのです。母親の文化や言語が子に転写するのであり、母から子に言葉が刷り込まれていくのだと言えましょう。実は、精神分析の教育にもこれが反復されている時があります。受け取る側に学習されていくためにはパイプが必要ですが、「横のつながり」を維持しながらこれをパイプにして母から子へ情報が注ぎ込まれ交わっていく確実なルートがあるようです。文化の継承・言語の習得におけるこの「交わり」の錯覚で、私たちは二重の交流を反復し、共に思うこと、情緒的交流、身体的交流を行い、そして共に眺めながら言語的に名前がついていくのです。私はこれを「共視」と呼んでいますが、日本の絵師たちはものを二重に見るダブル・ヴィジョンの視点から、「二重化された交流」を何度も描いているということです。そして「見立て」という形式で、裏のことを表で表す（つまり裏を表に出す）二重性活動の昇華にこそ美的感動があると思います。

その美意識

裏の交流ではポジティブなものだけではなく、さみしさ、悲しさ、怒りなども伝えられるのです。日本人は「表と裏」というキーワードを使って人生を考えますが、浮世絵から離れて、実はここで多用している「裏」という言葉について触れておきますと、「うら」を国語辞典を引いて調べれば、「心」って出てきます。日本人は心は裏にあると思っていたのでしょうか、その例が「うらさびしい・うらはずかしい」です。あるいは日本語で「恨み」とか「裏腹」のこの「うら」です。この二重性を「本音と建前」「顔で笑って心で泣いて」「義理と人情」と言って、日本人の生き方の美学には大抵こういう二重性がついてまいります。

「いなせ」や「粋」という美意識でも、本当は何か欲しくても要らないというような、潔さを外には表現しながら裏では見にくい欲望を抑え込んでいるのです。ワビもサビも押え込まれた裏側を考慮するなら、その「私」の美意識の構造は二重になっていることを理解するのですが、この裏を「汲み取り」「察する」ことで、全体の理解や把握が可能になるかもしれません。

こういう二重交流が広く実在することの証明はなかなか難しいのです。それで、絵の中で美的に描かれ形になっていることを、お互いに確認し合いながら議論を進めていくしかないので、私は、この構図を日本画でも見てみようと思いました。それで私の確認したところでは、京都の日本画家の上村松園（一八七五―一九四九）が描いた約十枚の母子像のうち四枚が共視像であることを見つけたのです。松園が歌麿の「雨乞」（一八一頁）という絵を見て描いたのかどうかはわからないのですが、もし見ていなかったら、これらの相似の構図は日本人の心に刷り込まれた反復を描いていると思えます。そしてこれらの絵は、母子の交流ではこの中央に描かれた「後ろのつながり」が中心であり、何を眺めているかの問題は大したことではないと言っているかのようです。つまり、二者間「外」交流でなく、二者間「内」交流を真ん中に描いて中心化させているのです。

また、この二重性は、ウィニコットの言う「環境としての母親」と「対象としての母親」の二重性であり、「抱えること」と「対象を提示すること」という二重性だと言えるのです。彼は、「抱えること」の失敗の病理学的意味を強調していますが、私にとってはその二重視や多重視的な描写を精神分析に持ち込んだことが意義深く、その後、二元論とその統合を繰り返す統合論者たちが、その二つに分けたまま考える思考法を敬遠するところが残念です。彼は、エゴを支える「腕」と欲動満足のイド（エス＝それ）を扱う「乳房」という母体の二重性を、並列して記述していたのです。

ところがその並列記述の二重性は、依存や「抱えること」を彼自身が病因論的に過度に強調することで損なわれるのです。そして、同じような強調が日本の共視母子像における「後ろのつながり」の中心化においても見られるのではないでしょうか。私たちは、いつも「あれかこれか」の二極化によって引き裂かれかけて、あっさり目を寄せて一本化しどちらかを選択してしまうのでしょう。

で、実はこの「横のつながり」に伴う感動は、「和をもって尊しとなす」という日本人の思想を支えている精神と方向性が合致するのです。つまり関係を切らずに、あからさまでない形で繋がっているという二重性にこそ美的な感動があるのです。それゆえ、私たちはこれを理想化し、そういう和を構成する「わたし」は「わ」を足して和をなすという思想に支配され、母子関係が終わっても今度は恋人関係、あるいは仲間関係といろいろと「私」たちの「わたし」は繰り返されます。

これは、蓮實重彦が『監督小津安二郎』（一九八三）の中で、言っていることなのですが、日本の小津安二郎の映画の特徴として、しばしば登場人物たちが同じ対象を凝視しているというのです。日本人はこの構図が好きなのでしょうね。これらのスチル写真を見せると、日本人は「二人はできてる」と言いますが、何ができてるのでしょうか。答えはもちろん、「後ろのつながり」がさりげなくできているのです。『幻滅論』など、私のこれまでの本をお読み下さい。

5　臨床問題——二重性と「裏切り」

しかしながら、この「二重の交流」の臨床問題はここからです。これほどまでに「後ろのつながり」や「横のつながり」を大事にしている、私たちのその反復は非常に強固のようです。そして、この二重性が言語的にも文化的にも共有され、表向き相手にあわせながら裏でまた別のコミュニケーションを行っている可能性があるわけです。

実は、私のプレゼンテーションで、この表と裏という二重のつながりを、読者が意識しながら笑えるというのは幸せなことです。しかし患者さんたちは、（本書の中盤における）症例報告で示すように、この二つの交流のギャップ、人間たちが表向き微笑みながら裏で全く別の交流をしているという「つながりの二重性」をこなせず、その見にくい矛盾について悩み、あるいは苦しんでいます。また一部の人たちはそれが割り切れなくて、幻滅や裏切りという外傷体験で苦悩しています。個々に自立する人々が裏で通じている、こんな「二重性の事実」を「私は知らなかった」「わけがわからない」と言って、患者さんは苦しんでいるのです。

阿闍世コンプレックス

そして虚偽と真実、覆いと中身という、この二重性ゆえの「裏切り」の問題を「阿闍世コンプレックス」と呼んだ日本の分析家がいるのです。つまり、我が国の阿闍世論（古澤、一九三四）では、阿闍世が投獄していた父親の元に、母親が秘密で体に蜜を塗り栄養を補給すべく通っていたという真相の発見が病因となる大事件なのです。続いて、これを阿闍世が母親の裏切りとして体験し、殺意を抱くほどまで怒り、そして古澤平作はこれを問題にするのです。具体的には、次のように母親の二面性ゆえの裏切りと幻滅を子における殺意の発生理由として論じているのです。

> 阿闍世の父の殺害は、決して母に対する愛欲にその源を発しているのではない。……むしろ自己の生命の本源たる母が自己を裏切ったとの阿闍世の怒りに発している。実際分析上、母を愛するゆえに父を殺害せんとする欲望傾向のほかに、生命の本源たる母自身の側の愛欲ゆえに裏切られ、母を殺害せんとする傾向を示す精神病者がある。前者を「エディプス錯綜」と名付け、余は後者を『阿闍世錯綜』と名付けたい。（傍点筆者）

その愛する者、「つながり」の対象が、あるいは私たちが眺めている世界が、その裏で別の「つながり」があって、この二重性や矛盾する表裏に阿闍世が幻滅し、裏切られた思いを抱いて怒りを感じ、母親を殺そうとするのです。そして古澤平作は論文で、そういった患者たちが実在すると報告しました。父親は幽閉されて牢獄に閉じ込められているはずですが、お母さんが隠れて、体に蜜を塗って父親に食べ物を提供していた。これは非常にセクシーなイメージであり、自分が舐めていたお母さんの体を父親が舐めていたという事実をイメージと共に阿闍世が発見し、母親を殺そうとするのです。そこを三隅研次監督の映画『釈迦』（大映、一九六一）では、川口晶が扮する阿闍世が母親の杉村春子の体を舐めて確かめてから「裏切ったな」と言っています。つまり、そこに描かれている原光景体験は、父親と息子が同じ母親の体を食していて、複数の者に身を委ねる母親の二重性、あるいは多重の「つながり」によって子は裏切られたと感じるのです。

そこで耐えられない苦痛とは、幻滅対象の「醜さ（見にくさ）」、あるいは「分かりにくさ」という言葉で表してもいいでしょう。私たちは、他人の口のついたものは、なかなか食べられないのです。同様の三角関係で苦悩するエディプス物語は息子の怒りの矛先が逆であり、エディプスは母親ではなく、邪魔者だが愛すべき父親を殺しているのです。対して古澤は、母を愛するがあまりその裏切りに深く傷ついて、子どもは母に殺意を感じ、家庭内暴力にまで発展する筋書きを取り出したのです。お母さんとの愛情関係や独占意識が濃厚であるからこそ、怒りがお母さんに向かってしまうのでしょう。つまり阿闍世においても、愛憎が共に愛情対象に向かってしまい、割り切れないアンビヴァレンスこそが問題だと言えるのではないでしょうか。

阿闍世コンプレックスとしてフロイトに向け報告されたはずですが、フロイトはこれを理解できなかったようです。表の甘え理論に対する、対象の裏側に向けられたネガティブな情緒に関する議論なのですが、甘え理論のほうは国際的に評価されながら、この幻滅の怒り、甘えの幻滅の怒りがあまり取り上げられてこなかったと思うのです。私は甘い幻想に関する幻滅の心理の理解も、非常に分析的な意義のあることだと思うのです。日本人には確かに「和」の幻想は強いのですが、しかしこれもまた同じく根が深い、「裏の裏」の二重性で強く裏切られてしまう可能性があるのです。

先に図示しましたが、理想化された母子像では、子どももまた母親と後ろでつながっているのです。父も母も裏でつながっていて、どちらも「後ろでつるんでいる」と言ってよいでしょう。「つるむ」は「交尾む」と書き共犯的で性的な意味ですが、単に一緒にいるだけの表面的交流にも使われ、意味が二重になっています。

後ろでつるむ

ここから、春画の話をします。さらに裏の話というわけです。ここで断らなくてはいけないのは読者には若い方もおられるからで、もし要注意であることを断らずに見せるとセクシャルハラスメントになるでしょう。例証したいのは、よく父親不在というのですが、少なくない少年の目撃情報に従いますと、春画の父親はそのペニスと共に逞しく登場していることです。

こういう子どもが登場する春画を見ていますと、乳児は上半身に、父親は下半身にという具合に、母体が使い分けられているのです。子どもが登場している春画だけを集めても本一冊になるくらいの数があるので、一つのジャンルを形成していると言っていいくらいなのです。典型的な春画では子どもと遊んでいる母親の上半身の後ろで、母親の下半身が成人男性と結合しているのです。

この「川の字文化」では日本のお母さんは、子どもと上半身で戯れながら下半身はお父さん（あるいは間男）と戯れているという構図が実在するのです。そして、父親との側でも子どもとの側で

北斎「東にしき」

も、母親は「二重の交流」を展開し、子にとって父は母の後ろで、父にとって子も母の後ろで「つるむ」というわけです。また、男のペニスが巨大であるのは、扇情的な効果と共に、目撃した子どもの時の印象が影響していると思われるのです。

これに対して、だいたい女性の反応は二通りにわかれます。一つはこのように女性であることと母親であることの二重性を強いる文化は、母親の虐待だと怒る人たちです。もう一つの女性の反応では、特にこういうテーマの重要性を知っている私の同僚の女性サイコロジストたちは、「両手に花なんだから楽しめばいいじゃない」と指摘するのです。しかし両方を楽しめるのは、その参加者が皆健康であるからであり、母親の逞しさだけではなく、もちろん皆が大らかでなければなりません。三角関係で母親を取り合うのではなく、上半身でつながり下半身でつながるという、母体の二重化と使い分けという防衛で家庭が平和になるのだったらやりましょうというわけです。

しかしながら、メラニー・クラインはすでに早期の論文「早期分析の心理学的原則」（1926）で書いています。

かなり早期において、幼児は避けることのできない剝奪体験を通して現実を知るようになる。幼児は、それを拒否することによって、現実から自らを防衛する。しかしながら、基本的なことは、つまり晩年になって現実に適応するあらゆる能力の基準は彼らがエディプス状況から生じた剝奪体験に耐えることのできた程度によって決まる点である。

この観点から見れば私どもは、親子で三角関係の先鋭化やエディプス・コンプレックスの深刻化、つまり剝奪体験を回避し、競争関係と現実直視を先延ばしにしようとしているのです。「コンプレックス」とは「錯綜」と訳すほど、こなすのが大変な複雑さを有していることになります。エディプス・コンプレックスの場合は、子どもからお母さんを奪って一緒に寝ているお父さんを子が恨むという構図です。家族の三角関係ではお母さんをめぐって父親と子どもが対決するのですが、日本の場合は三角関係を回避する形として母親像を二重化しているのです。お母さんたちも言いますね、「うちには主人も入れて子どもが三人も四人もいる」と。つまり、二股も三股もかける母親を中心に子どもたちと父親がお母さんにぶら下がってるという構図で、三角関係の「もつれ」や現実性を回避しているのです。

しかしこの母親の使い分けによる危機回避のシステムは、阿闍世のように突然壊れて幻滅を生み出し、誰かがとても傷ついたり、「和」からの排除を招来する可能性があり、関係と「禁止」が強力であるからこそ幻滅は急激になりそうです。複数の春画を概観して、私には、お父さんが後ろにいることを発見した子どものまなざしの中に、怒り、侮蔑、幻滅、笑いの色が見えます。そして急激な幻滅の場合、両親の「見にくさ」について前面にいる母親が標的となり、その平等主義ゆえの親の醜悪な全体像が外傷的に目に焼きつくのでしょう。

「自虐的世話役」の悲劇

こういう自己や交流の二重性に関わる病理を検討するに際し、私は繰り返し異類婚姻説話を素材にしてきました。ここでは読者のために議論を要約し、人間でありながら動物であるという自己の二重性の統合、そして一本化が簡単ではないことを示したいと思います。異類婚姻説話とは、動物が正体を隠して嫁に来るが、その傷ついた正体が露呈して去るという形式が基本です。そして、秘密の正体を裏に隠す「見るなの禁止」の議論には、国を生んで死んだ母神の腐乱した体が露呈し、これを見捨てられた母神が怒り追いかけるという日本のイザナキ・イザナミ神話も素材として含まれます。私は、これらの物語分析を踏まえて、『鶴の恩返し』や『夕鶴』の女性主人公たちのように働く「自虐的世話役 masochistic caretaker」（北山、一九九三）の報告を行いましたが、そこに神々やこの国を生んで死んだ母神の姿がオーバーラップしてくるのは、彼女が「我々のために死んだ」ために、残された者の罪悪感を刺激するからでしょう。

つまりそれは、〈つう〉は〈与ひょう〉のために傷ついて去っていったというのと同じ構造なのです。『夕鶴』の〈つう〉は、そこで動揺することや迷うことすら許されない、潔い生き方に美学が伴い、治療者も患者も、求める者のところを訪れ、自己犠牲を行い、自己の二重性に由来する幻滅のきわみで去って行きやすいのでしょう。そういうわけで、自虐的な「治療者＝〈つう〉」論が可能なのですが、これまでの私の仕事をご覧下さい。

「見るなの禁止」

夫は約束しながらその禁止を破り、妻の傷ついた自己や死体、あるいは正体を暴いてしまい、二人は別れることになります。女性は献身的で母親的で、男性は子どものように描かれます。そして、幼児期における母子関係の発達の観点から、母親対象に急激に幻滅する子どもは、幻滅する対象像の「醜さ（見にくさ）」、対象との分離の痛み、関係の「はかなさ」などに耐えきれず、再び母親対象と一体化し、これとの同一化を通して自ら親と同様の自虐的世話役になると理解されます。こうして過剰な恩返しが動機付けられるのであり、「見るなの禁止」とは、人生物語の悲劇的展開と悲劇の主人公の再生産のために決定的役割を果たす禁止となるのです。

この禁止は母親的な人物の課すものであり、時間がくれば破られるタブー（taboo to be broken in time）であり、父性的で絶対破られてはならない近親姦のタブーとは対照的な位置づけになります。また、異類婚姻説話の物語の歴史では、かつてはただ去っていったとしていた終わり方に、あれは昔助けた動物が恩返しのためにやってきたものだという説明が追加されるのですが、これは男性主人公と同一化する読者の罪悪感ゆえ生まれた合理化でしょう。この新しい報恩物語では、結末で傷ついた女房は冒頭で救われることになり、悲劇的結末は冒頭に戻って、千年以上反復されてもけっして終わらないことになるわけです。

何を見たのか

「見るなの禁止」を破った男性主人公は一体何を見たのでしょう。女性主人公の秘密が母親の「産褥」であることは、出産で死んだイザナミや、出産場面でワニになる豊玉姫の話から示唆されている通りですが、『鶴の恩返し』の鶴の場合も出産して傷ついている場面ではないでしょうか。足を広げて出産している母の産褥の姿を鶴の機織りに置き換えて描いていると私は考えているのです。つまり、ここでかろうじて描かれたのは、「此の國」を生んで死んだ私たちの母親、あるいは「私たち」が誕生した時に火を噴くような大量出血で死んだ「原母」の姿なのではないでしょうか。かつては、多くの母親が出産の際に産死したのであり、その危険のために彼女たちは「産小屋」に共同体から隔離されました。この古い歴史の記憶が世話する側である私たち治療者に向けられる時、治療関係をそういう過去の母子関係の反復として理解することで、事態が取り扱いやすくなる可能性があるのです。つまり、そこにおいて健康であるはずの治療者（＝〈つう〉）の傷つきや死、あるいは病気という二重性が問題になりやすいのです。

6　まとめ

私たちの生き様には表と裏があります。その発達上の起源は、もともと未熟で傷つきやすい動物である子どもが、周囲のお世話のおかげでようやく人間にしてもらっているという「未熟／成熟」「子ども／大人」「動物／人」の、そして表裏の二重性にあり、裏のない表なんて人間についてはありえないのです。いっさいに裏があるといってもいいのです。こうしたことを総合してこそ、物事が立体的に見え、二次元の表面的だった世界に人間臭い奥行きがもたらされるのです。

ということで以上、私たちの人生では悩みはつきないことを報告した次第です。長く生きると、過去とは幸せな時代だったなぁと感じますが、それは、こういう精神分析の文化論的な説明を踏まえて、過去が深刻な悲劇の連続であったことを忘れただけなのだと申し上げたいと思います。そして分析的文化論とは臨床事例に繋がってこそ深みがあるのだと思いますし、私は文化のことを引用して分析素材にできたからこそ、二重性の美的構図とその悲劇性を皆のものとしてご紹介できたと思うのです。ただ個別の事例を出すだけだと、「この子は特別だ」「その親が問題だ」って言うでしょう。しかし私はそうじゃないと思いますし、「みんなの問題だ」「みんなが問題だ」と考えますので、通俗的な絵を私たちの「鏡」として使ったわけです。そこに映し出された人々の姿は「みんな」の姿だと思うのですが、そういう普遍性を示唆することができているとしたら幸いです。

さっきから申し上げております通り、裏の事情というものはなかなか表に出せません。にもかかわらず、それを苦笑しながらでも大きな支障もなく取り出せたのは日本の芸術家たちのおかげだと思います。歌麿たちが描いてくれたからこそ私は醜悪な悲劇を「見やすく」することができたのであり、やっぱり私は彼らの芸術的能力について誇りに思うと同時に感謝する次第なのです。

第９章　自然と「ゆ」

1　はじめに

「自然 natural」とは「生まれつきの」「ありのまま」という意味だとすると、人間は自然に生きることができません。誰もが自然に生きてみたいと望みますが、人間は現実にはそれが叶わないという境遇にあり、日常的には仕方がないことだという境地でいるのが普通なのです。しかしながら、ここでいう「境地」「境遇」とは主に境にある特殊な領域かもしれませんし、特に「境地」とは、困難を経て達成されねばならないのです。特に健康的な「あきらめ」の境地の場合は、そうだと思うのです。

2　自然に生きることの無理

そういう事情ですから、「自然に生きる」と言う人の不自然さは、どう理解しどう受けとめればいいのでしょう。私たち精神分析家にとり、この、人間が自然に生きるのが無理なのは自明なのですが、意外とこれを多くの人々が意外に思うのです。実は精神分析が自己実現はないと考えるのは、人間が自然なまま生きることはできないという事実を踏まえています。しかし、それが人々に知られていないからこそ、人は自己実現を無理に求め、狂おしい悩みが発生しやすいのでしょう。

丸裸で丸腰の人間は生まれつき無力であり、文明や文化の助けなしでは生きてゆけないし、フロイトが指摘したように、どのようにしたところで不満はつきないので悩ましいのです。その最大の根拠を挙げますと、単純に言うなら、人間の赤ん坊は生まれたままでは絶対の依存状態にあるからなのです。生まれたままでは、直立歩行ができない、首が据わらない、言葉が話せない、食べ物を嚙み砕いてもらわないと消化できないというわけで、そのために母親あるいは母親役の誰かの献身的育児の必要性が生じます。さらに、未熟さのうちのもっとも未熟なところは、本人が未熟であることを知らない点にあり、周囲の誰かがこの未熟さに理解を示してこれを援助、保護、庇護していかねばまともに生き残れないというわけです。このような人間の未熟さは、哺乳類の中ではかなりのものであり、「馬鹿」と言われる哺乳類の「馬」や「鹿」は決してあなどれません。もちろんあの胎児の時は皆一番自然に生きていたはずですが、この世に誕生してから人間は、あの自然状態が二度と帰って来ないのです。

そしてこの未熟さは、心についても言えるようです。私の『心の消化と排出』においても示しましたように、物事を飲み込むとか、消化するとか、吐き出すとか言って心の働きを消化の比喩で表現するのですが、心もまた生まれたばかりの状態では多くのことが消化できないのです。ややこしいこととか、複雑なこと、そして痛みを伴う事柄は、先送りされ隠されねばならず、それが急激に、そして過剰に与えられると心がパンクしてしまうのです。

というわけで、本書で問題にしているように、とくに子どもにとっては、世界はあまりにウラオモテがありすぎることになります。例えば、元気そうな母親が実は傷ついていたとか、目の前の親が実は親でなかったとか、両親の秘め事である性の営みとか、タイミングや時期とかが適切でないなら、それを見る、あるいは知ることはトラウマになってしまうことでしょう。私は、「見るなの禁止」の物語や、阿闍世やエディプスの伝説は、そういう悲劇を語っているのだと考えています。

だからこそ「時間がくれば破られるタブー」としての「見るなの禁止」が人工的に必要になるのです。また、そういう悲劇的な説話が多くの人々に共有されているという事実により、そのような悲劇が多かれ少なかれ誰にでも起こるということが証明されているのではないでしょうか。そして、悲劇に対し、適応してついていく人工的自己と、ついていけない本来的な自己という二重性が生まれるわけです。つまり、表向きの適応的自己と、裏の自然な自己という工合に分かれて併存することになり、これで裏は見にくいことになります。そして、その自己全体はまとまり悪く、「見るなの禁止」が破られ、この裏の自然を露出させた場合はイザナミのように醜いので排除され、〈つう〉のごとく恥ずかしいから退去するということになるのです。結果として、彼女たちは自然と不自然の間の葛藤を時間をかけて味わうことすら許されないというわけです。

3　普通に生きることも難しい

このような人間の不自然さにもかかわらず、日本人は「自然」という言葉を好み、自然を理想化しています。しかし再三述べているように、傷ついた自然を代表するイザナミや〈つう〉を追放し隔離して、一部の自然だけを愛してきたのであり、このような自分勝手な自然主義はけっして自然に生きるための完全な拠り所にはならないのです。つまり、動物（自然）が人間になって嫁に来るが正体を露呈して去るという悲劇は私たち人間と自然の間で繰り返される悲劇なのでしょう。そこには、人間が自然を愛しながら人工的に自然を破壊するという、私たちの自己の二重性が表されているのだと私は思います。

そして臨床哲学の鷲田清一も言うように、このような「自然」は「普通」と似ているのです。「自然」の不可解さは「普通」についても観察できます。私たちは「普通」とは自明のことのように言い、心理学の質問紙調査では「普通」とすぐに記入し、成績も「普通」だと簡単に答えるのです。

しかし、普通が何かわかっているはずなのですが、そこで改めて「普通だ」と判断するための根拠って何なのかと問われると、答えは難しいでしょう。人間の言動について「それが自然」とか、「自然が一番」とか言うのですが、その判断基準がどこかと問われるなら、答えは簡単に定まるものではないのです。

私たちが言う「それが自然」とは、どこでどうやってわかるのでしょう。役者さんに監督や演出家が「自然な演技をしろ」と命じるのですが、演技は人為的なものであり「自然な演技」という表現自体が矛盾しています。

つまり、自然か不自然なのかについての問いかけは、答えがどっちつかずになってぶれるので定まらないのです。そして、そのまま一つにまとめようとすると思考そのものが不自然になってしまうので、ほど良いところで止めなければと思って止まったところが「ほど良い」ようです。そして私は、「ぶれ」ながら「これ以上は仕方がない」「これ以上はわからない」とする、その「あきらめ」の瞬間にこそ、「自然」や「普通」についての把握があると思うのです。そこで私が「普通がわかるということ」で提示したやり方（北山、二〇〇五）で、最終的な理解を不器用にぶれる形で体得する現場を指し示してみましょう。

「自然」がわからない

周囲から「自然じゃない」「普通に生きてくれ」と言われる患者さんたちは、「普通に」や「自然に」の方向づけに対して反感や憎しみを抱いていることがあります。また、ある人たちは普通で自然な自分を隠して、特別であるふりをして生きることに「もう疲れた」と言ってやって来られるのです。不自然が許せない強迫、普通でいることが受容できないナルシスト、不自然から引きこもるシゾイド、普通や自然を攻撃するボーダーライン心性、いろいろですが、総じて「普通がよくわからない」「自然に生きることができない」と言う患者さんは多いのです。同時に、「ちょうどいい」、とか「ほど良いところ」とかがわからないので、のたうち回っておられることがあります。

誰も教えてくれない

にもかかわらず、精神科医も、クリニカル・サイコロジストも、主に特別なことに関心があり、「ちょうどいい」という判断としての「普通」や「自然」は臨床的にはあまり考えてこられなかったのです。だから臨床の先行研究から学べないのであり、私は物書きたちから意見を聞こうと思います。次の台詞は、村上龍の小説からの引用です。

親も教師も国も奴隷みたいな退屈な生き方は教えてくれるが、普通の生き方というものがどういうものかは教えてくれないからだ。（ケンジの台詞。村上龍『イン ザ・ミソスープ』）

こういう発言は臨床でよく聞きます。そこで同様に「自然な生き方」も、誰も教えてくれないのなら、自分で発見、あるいは体得するしかないものでしょう。しかし、よしんばそれができたとしても、それは「難しい」課題をこなして考えた後の達成なのです。

「適当」の二重性

日本語で似たような類いの「適当」や「平凡」が良い意味と悪い意味、つまり肯定と否定の二つの意味を持っているのは、その両面に二股かけて意味がぶれるところにこそ「適当」があるからでしょう。同様に「いい加減」と「良い加減」の両方が、どっちつかずになって交替するところに「ちょうど良い加減」があると思うのです。「普通」の体得もこれに似ています。

世界中の人間にとって、おそらく女性的な葛藤や分裂としてあるはずの両面性や二重性が、「オペラ座の怪人」対「普通の求婚者」という両極であり、それは実に解決の難しいところです。オペラ座の怪人の怪しさは「妖しい」とも書くように、魅力的で、人を惹きつける不可思議な力を持ち、その魅力は音楽によって示されるのです。ある患者で、この種の葛藤に引き裂かれかけていた娘は、その間でぶれながら、結局、「普通の男」と結婚したのです。

私たちはこの、「あやしさ」に対してアンビヴァレントですが、好悪や愛憎の両極に分裂した対象関係の葛藤で得られるものとは、確かに患者の言うように「普通」と言うべき感覚ではないかと思います。ここには「怪しさ」と「妖しさ」、「いい加減」と「良い加減」などでは両面の意味の間で動揺していて、その「ぶれ」を通して「これが適当なところ」だとするという微調整の着地点が見えてくるはずです。

また、「おかし」は魅力的でありながら異常であるという両義の間で意味を交替させるのですが、そのぶれているところで自ずと理解は生まれてきます。そして先の患者が選んだ「普通の人」には大変多くの「おかしなところ」がありました。変わったところもある人のことを「普通の男」と呼んだことが価値のある到達点だったと思うのです。つまり、普通でないところも含んで普通なのであり、普通が普通でないところも含んで普通だという論理展開が逆説的把握を生み出すのです。

この普通でないところを含む「普通」について、「普通なのか、普通じゃないのか」という二分法の問いかけがあったとしても、それに答えようとする思考がぶれるだけのところに直面するように思うのです。「分かろう」とする思考は適切なわかり方を探してもなかなか分からないし、つまりその特別な答えは見つからないので、思考は人為と自然に引き裂かれかけて、そこで厳密な探究や追求を断念するしかないのでしょう。

「自然」は「不自然」

人間は自然に生きていても自然に生きることばかりに終始しているわけにいかず、皆ある程度は不自然に生きているわけであり、だから自然に生きていないのです。そういう矛盾のある「自然」がほど良いのだというわけでしょう。ウィニコットも言うように、「普通のお母さん」とは「自然に育児ができる人」なのです。

普通に生きることも自然に生きることも、わかることを自分で断念しながらわかるしかなく、答えはわかったようでわからないのです。そこで「それが一番自然」とする場合、それが一番合理的、常識的、現実的と言いながらも、何か法則や理屈を否定する非合理の支配に「おまかせする」という矛盾した考えがあります。そして、この矛盾する二面性に直面した思考がぶれて定まらず、それ以上直線的に「分かる」ことを断念するところで、「普通」の体得と同様に、重要な「自然」の把握が起こるのだと思うのです。

それが以下の私の文章の言う「後はおまかせ」です。二十年以上前の文章です。

確かに「それが自然」という場合の「自然」とは、共有されたものという意味を介して、世間、常識、という意味になる時があって、自然視された世間や常識にはそれ以上の追求は断念せねばならないし、その存在には逆らえない。自然と呼んでそれ以上介入できないのは、目に見えない巨大な力で動かされ決定され、人間の及ぶところでなく、知らないほうがいい、まかせたほうがいいからである。（北山編『日常臨床語辞典』）

逆説で「ぶれる」

それでは、こういう把握法をどう定式化するのがいいのでしょうか。矛盾は科学では厭われやすいのですが、何か納得できる考え方の描出が必要です。安西水丸というイラストレイターの書いた漫画で『普通の人』という作品がありますが、実はその漫画集に載せられた村上春樹の解説が実に上手に、不器用な「揺れ」、つまり「ぶれ」を描出しているので、引用したいのです。

僕は思うのだけれど、このように相反的なるものの同時存在の中にこそ、私たちの偉大なる「普通性」があるのではないか。よく考えてみれば、私たちは実は適当にまとめられる借り物の自分と、借り物ではないけれどうまくまとめられない自分との奇妙な狭間に生きているのではあるまいか。私たちははっきりとどちらにつくこともできず、どちらにつこうという決心もできないままに、「普通の人」としてこの世にずるずると生きているのではあるまいか。私たちの笑いを誘うのは、その相反性の中で不安定によたよたと揺れ動きながら、自分の目でそのよたよたのおかしさを捉えられないという冷厳な事実の持つ滑稽さではないのか。

普通と普通じゃないことというような、イエスとノーの相反する両極の間で「よたよた揺れ動きながら」「ずるずると」生きているのが普通の人の普通さであると言うのです。この不器用な「ぶれ」や不安定な「動揺」こそが、「分かろう」という直線的な思考や分類する思考を挫折させ、分かることは難しいけれど、それなら分かると言えるのです。つまり、分からないけれど分かるという、Aと非Aとの両方が合わさってAだという言い方は、論理としては破綻していますし、ここに、クレタ人は嘘つきだとクレタ人が言ったという言説と同様のパラドックスがあります。先の症例の発見した「普通の人だけどおかしな人」は実に矛盾した対象関係とその把握だし、的を射た表現だったことを思い出すのです。

４「ゆ」の過渡的実在

音と結びつく意味

このように、「自然」や「普通」について考えてきたのですが、それ以上は分かろうとしても分からないところ（ポイント）があって、そこでは「ぶれ」や「よたよた」する体験が生じます。そこでこそ、私たちが「仕方ない」「どうしようもない」「余儀なし」「やむなし」「きりなし」と言って、「あきらめ」の心境や境地に至るという事態が起こります。その瞬間こそが、「自然」や「普通」の発見に導かれるためのターニングポイントなのでしょう。

「仕方ない」「どうしようもない」「余儀なし」というのは、方法の枯渇を言っているわけだし、「やむなし」「きりなし」とは終わりがないことを強調しているのです。私は、思考の万能が挫折しそれを終わらせるところに貴重なポイントを見るのです。ここに、千手観音のごとく「あの手この手」を使い果たし、動揺する思考を断念させるという、つまり追求する思考が引き返して「ゆるむ」ポイントがあります。その後は、時間や自然、潮の流れにまかせて過ごすしかないのでしょう。

そして、この「後はおまかせ」という境地になったところで、そんなに簡単にあきらめていいいのか、という声が聞こえるかもしれません。つまり、ネバーギブアップというのが英語で伝えられる理想であり、日本人はそこであきらめて「仕方なし」とするのが情けないところだとも言います。しかし、ここであきらめないでまっすぐ考え続けるのが偉いのか、ここで揺れて休息するのが正しいのかは、それこそ個人差のある価値判断の領域なのではないでしょうか。

私個人は、正直に言うなら、ここで分析を休息することが「許されている」と感じるのです。そして「あきらめた」と言っている人は、実は「あきらめ半分」であり、あきらめてなんかいないのです。ただここで、きつかった思考が半分「ゆるむ」のです。

実は、これから書くことは前から体験してきたことですが、初めて公開することなので、ちょっとした冒険があるのです。正直言うと私には、フロイトが「自分の中にない」と否定した「大洋感情」に似た心理が限定つきで存在するかもしれないのです。それは問題になった絶対の宗教心や無限の大洋感情と同義ではなく、むしろ「ゆ」の錯覚と私が呼ぶものであり、妄想ではないし、病的なものでもないと考えています。「ゆ」はむしろ自分の心の健康を支えている現実的なものであり、だからこれを、自己紹介と共に、その実在と健康との関係を証明しなければ、私という自己の正当性すら主張することはできないのであり、それをまた立証するためにも持ち出すものです。

これまで、音と意味の本来的な結びつきを論じるために、M音の話をしたことがあります。つまり、甘えのアマ、アマテラスの天（あま）や、アミーゴ（スペイン語の友達）、アモーレ（イタリア語の愛）、オモニ（韓国語のお母さん）、マンマ（母親や乳房を意味し、日本語では乳児語からご飯のことになる）、そしてマザーやマリアにミルク、と思いつくままあげるだけで、愛や母親のことを意味しやすいことがわかります。そして、これを精神分析で言う口唇期由来の「口っぽい音」と呼んだ人がいるのです。

さらには日本語でチの音を取り上げて、血が乳になり、父になって、知や痴となる、この価値や力のある「或るもの」の存在を問題にしたこともあります。神話学者の連想では、このチの音はイノチとオロチ、そしてカタチと付いて物事を生き生きさせるのです。そして、チの音はチンチンやチツと性器にも結びついてゆきます。

この意味と音が分ち難く結びつく現象は深層心理学者や精神分析家には興味深いことでしょう。しかしながら、一般には無意識の言葉遊びの姿のほんの一部を、それに関わる言葉を思いつくまま列挙するという方法で垣間見ているだけで、その音と意味の本来的な結びつきを科学的に立証することなど不可能でしょう。それでも私は性懲りもなくそれを今回も試みるのですが、読者にはこれまたどうしようもないと、お許しいただきたいのです。

「ゆ」の意味

その意図は、私の中に存在する「ゆ」の実在を、日本語における普通の体験として提示したいのです。そして、患者さんたちがこの「ゆ」の経験をいけないもの、許されないものとしていることや、遠ざけられていることが多いのです。また、その身を収納する体（殻だ）がないために「ゆ」

に近づけない人や、滲みるために「ゆ」につかれない人もいて、それらは「ゆ」の剝奪や喪失のケースだと言えるでしょう。

この音の重要性に気がついたのは、自分や患者のことだけではなく、長い間の私の理論的な関心が「ゆ」の音を巡ることからでもあります。また「ゆ」につながる私的な体験として、この章の前半で、私が自然や普通を巡る連想を展開した理由がここにあります。実は数年前に、古澤や小此木の「許されて体験する罪悪感」を議論する時に、「許される」のユの音が重要だと気がついたのです。これを気づかされたのは、若林ふみ子が平仮名表記する「ゆるし」論との出会いですが、これを通して私も「ゆるし」とはユックリとユッタリとして、ユルユルとした世界に身を置くことだと考えるようになったのです。そして、健康において何よりも必要な「ゆとり」や「よゆう」を言う時にユは繰り返され、精神分析の方法である自由連想の由（ユウ）や遊戯療法に遊（ユウ）、そして夢分析の夢（ユメ）、私の比喩（ヒユ）の使用と、ユが連なることは見逃せません。また最近は中井久夫や藤山直樹たちが「ゆとり」や「揺らぎ」という言葉を使用していて、だから、音のレベルで私たちの精神分析の関心事が「ゆ」に導かれて展開しているように思うのです。

そして、『日本語源大辞典』（小学館）で「ゆ（湯）」を見るなら語源説の①では、「ゆるむこと」「ゆるし」が集中してでてきます。これは日本人なら、多くが納得することでしょう。

温む意で、ユルミ（緩）の義〈名言通〉。

微温の意でユ（寛）の義か〈日本語源＝賀茂百樹〉。

冷水では縮まるようであったものが、沸かすと身もゆるやかになるところから、ユルシの略か〈日本声母伝〉。

ユルム（緩）のユと同根で、水の温まる有様をいうか〈国語の語根とその分類＝大島正健〉。


しかし語源の連想は連想であり、思いつきもあり、私は国語学者ではありませんので確実なことは何も言えないのですが、深層心理学ではこのような連想こそ重要な手がかりです。音読みと訓読みの区別を無視しているのかもしれませんが、この、ユという音が意味するところを、漢語を構成して「ゆ」と読ませる漢字を並べてみると、面白い思想、あるいは考えのあることがわかってきます。『日本国語大辞典』（小学館）から「ゆ」の音で読まれる漢字の例をあげておきましょう。ただし、知っていて読めるものしか引用しないことにしました。見たことがあっても、使ったことのない未使用の漢語では価値がないし、「ゆ」「ゆう」と読めないのでは意味がないので、三分の一くらい削除せざるを得ませんでした。削除したものには興味深いものや、意外にネガティブな意味もあるので、私の引用には多くの方に異論のあるところとなりましょうが、私の言いたい「ゆ」の境地に関する緩い例証として強力なのです。もし読者がこれまで使われたものやこれ以外に知っているものが抜けていると感じられたら、出典は公刊の書物ですから読者が付け加えられたらよいかと思います。

(1)由の類
「由」よりどころ。いわれ。わけ。「油」あぶら。「柚」みかん科の常緑樹。
(2)甬の類
「勇」いさましい。「湧」わきでる。
(3)臾の類
（未使用で省略）
(4)兪の類
「愉」たのしむ。たのしい。よろこばしい。「諭」みちびく。さとす。さとる。「輸」他へ移す。はこぶ。おくる。「喩」①おしえさとす。さとる。さとり。②たとえる。たとえ。「揄」からかう。「癒」病気やきずがなおる。いえる。
(5)その他
「遊」あそぶ。自由に歩きまわる。

これらを念頭に置き、自由連想や遊戯療法にある「ゆう」の字音語素の内容をみてみましょう。
(1)尤の類

「尤」特に。最も。とりわけ。

(2)右の類

「右」①みぎ。②とうとぶ。おもんじる。「佑」たすける。たすけ。

(3)幼の類

（重要だが、この音では個人的に未使用で省略）

(4)由の類

（「ゆ」で既出）

(5)有の類

「有」①存在。ある。「無」の対。②持つ。備えている。「宥」①おおめにみる。ゆるす。②なだめる。やわらげしずめる。

(6)攸の類

「悠」①ゆとりのある。ゆったり。②はるか。とおい。

(7)容の類

「裕」ゆとりがある。ゆたか。

(8)邑の類

（個人的に未使用で省略）

(9)游の類

「游」①浮かぶ。浮く。およぐ。②あそぶ。自由に楽しむ。ぶらぶらする。「遊」①あそぶ。たのしむ。②酒食をこととする。③働いていない。役にたっていない。④旅をする。まわり歩く。遠くへ行く。⑤一定の所属がない。自由に動く。⑥遊撃手の略。⑦まじわる。つきあう。⑧うかぶ。

⑽甬の類

（「ゆ」で既出）

⑾酋の類

「猶」①疑いまどう。ためらう。（例「猶予」）②ゆったりする。

⑿憂の類

「憂」①心配する。案ずる。なげく。うれえる。「優」①上品で美しい。みやびやか。やさしい。②なさけぶかい。てあつい。③すぐれている。まさっている。④役者。舞人。わざおぎ。⑤のんびり。ゆったり。

⒀その他

「友」①同じ志の仲間。ともだち。とも。②親しくまじわる。「用」①もののはたらき。②もちいる。「幽」①おくふかい。くらい。②死者の世界。あの世。「明」の対。③かくれる。ひそむ。④おしこめる。とじこめる。「郵」しゅくば。なかつぎ。ゆうびん。「雄」①おす。「雌」の対。②男らしい。いさましい。つよい。「誘」①さそう。いざなう。勧める。②さそいだす。おびきよせる。③ひきおこす。「融」①とける。とかす。とけあう。②とどこおり・わだかまりがない。③通じる。とおす。

こうして「ゆ」「ゆう」を巡って考えてみた時に何より体験される発見は、人間や人間関係におけるポジティブな意義のある経験をカバーしていることがわかることです。総じて自分に根拠と余裕をもち自己中心的で大きく、人目を気にしない「私」が内側から大きな広がりをもって湧出して「ある」ことです。外からは「甘やかされている」状態だと思われやすく、そこは「雌伏」に対する「雄飛」のように男性化されています。H・コフートの言う「尊大な自己 grandiose self」に似ていますが、自己愛的かと言うと、当人としては愛はあまり関係がなく、ここでは問題視されていないのです。

そして、俯瞰で見てみると「憂」という抑うつ的な体験が一つ目立ちます。また「斎」を「ゆ」と読んで、神聖清浄を意味することがあり、そういう「ゆ」とは畏怖すべき意味を持つのでしょう。個人的連想ですが、「ゆ」が過剰になると「ゆゆしき」となって非常事態となるようです。さらに「ゆゆしき」は例によって意味がぶれる言葉で、賞賛の意味でも使われることが興味深いのです。

そして、「ゆ」が禁止されていると感じる人たちに共通するのは、その自己中心性や尊大さが批判されそうという憂いが生じてしまうことでしょうし、「ゆ」が重なると「由々しきこと」になることも、その憂いの原因の一つなのでしょうか。

疑わしいからこそ、これまで私もこの感覚の実在をはっきり書くのを控えてきました。それに「ゆるみ」「ゆるし」が条件になって揃うと、あまりに能天気で楽観的な錯覚ですが、そこで度々私たちは「私がいる」「自分がいる」と感じ、時に「極楽、極楽」と言う人もいます。私も「ゆ」の中で生まれるこういう楽観的な感覚を基盤にして幻滅の痛みを癒して、何とかやってこれたのだと思うのです。

さらに臨床的には、ここに私たちの治療的退行や自然治癒の可能性すら感じるのです。しかし、悩みが多い時や苦しい時は「ゆ」が消滅し、そして少なくない重症患者さんにおいてはこれを得るのが半永久的な困難なのです。

5　管理された「美しい自然」と「ナチュラル・セルフ」

もちろん、この実在するはずの過渡的体験を私が理想化されやすいものとし、基本的に錯覚だと考えるのは、やがて時間と共に温度が下がり、「ゆ」が「覚める」「醒める」「冷める」からです。私自身がこの状態にいると「軽躁状態」だと形容する精神科医もいますが、そういうコメントで水を差されると「ゆ」はすぐに冷めるので、実際に湯加減がケアされないと全く永続性がなく愉快はほとんど瞬間的なものなのです。そして、「ゆ」の体験は現実に自然に戻る過程において時間が経つと「さめること」という条件付きなので、一時的退行であり、制限付きの自然治癒や自己回復なのでしょう。こうして一時的、過渡的であるところに「あきらめ」が伴い、脱錯覚するのは仕方ないのです。

精神分析的には、このような「ゆ」が、「自我のための部分的退行」（E. Kris）や「抱える環境」の中での退行（D. W. Winnicott）を指しているかもしれません。つまり「ゆ」は今や特別ではなく、普通で、皆に許されたリクリエーションの活動や現象にとって当然の感覚であっても、これがなくなると大変に困るのです。つまり、「抱えられる」という管理や保護の守りの中でしかなかなか実現しないものなのです。抑圧を緩める退行が、創造性や心の健康にとって、極めて重要であることはこれまで言われて来た通りですが、精神分析の目標は退行ではなく、退行（リグレッション）は進行（プログレッション）と、あるいは「さめること」と合わせて一組の精神分析の方法であり貴重な往復運動なのです。ただし残念ながら、前に向かって「進行すること」ばかりがあげつらわれ、お勉強に伴う「考えること」が重視されると、それがただ何もしない、何も考えない「ぼーっとして」「いるだけ」の重要性を凌駕するのです。

だから硬く動かない態度や構造は却って揺さぶられやすいことと、緩む構造の意義の一つはその免震性にあることを、はっきり強調しなければなりません。それで守られねばならない「退行を経た進行」の価値が危ういと思うからです。

ここで私は、数十年前の治療者のように楽観的な退行促進治療を提案しているわけでは決してないのです。緩んでも、自然を理想化しないで再び「締まること」「さめること」つまり自然な脱錯覚は大事なところです。ただ、言語化を唯一の精神分析技法としてしまって、条件さえ揃えば自然治癒が起こる可能性や「ゆ」の過渡的発生の邪魔だけはしないようにしたいものです。そして、この生温い感覚を軽蔑する方がいたり、その人工的であるところを憎んだりするのも、患者においても見られるのであり、あの追い出された子宮内体験などもうたくさんだと言わんばかりです。しかしそれを臨床家がやるのは、臨床的な自然破壊でしょう。

逆にこういう錯覚論が妥当だとして、これに対し時に「ゆ」は錯覚ではなく、空間的・時間的な「余裕」「ゆとり」としても世に実在する現実ではないかと反論があるでしょう。私自身はその過渡的実在を疑わないのですが、心の中に描き出される「ゆ」はいつも「ちょうどいい」のに、実際の「ゆ」は大抵が熱すぎたり、寒すぎたりです。本当に心地の良い「ゆ」はめったになくて稀なのであり、もちろん永続する「ゆ」のイメージは子宮内の胎児の幻想にしかすぎないのではないかと私も思うのです。

ですから「ゆ」は、現実では簡単に脱錯覚する実在として、分相応に生きる普通の個人の中でささやかに楽しまれる「ゆ」という「一縷の望み」となっているのだと思います。この状態も、外と内の間にある、『劇的な精神分析入門』において報告した「素の自分」「素顔の自分」と呼ぶべきものではないでしょうか。

そして、この「ゆ」の意味論で忘れてはならないのが、それが「湧いてくる」という自然現象を伴うところです。高い価値は自然に湧出する油田のごとく、心の地下に潜在する、価値あるエネルギーの湧き出るところであり、私にはアイデアの源泉なのです。そして、もしこの「ゆ」が外的に実現するとしたなら、この貴重な状態が「人為的に抱えられた環境」という人工的環境の内部でしか実現しないという事実は、人為的な育児だけではなく、現代の管理された温泉リゾートの状況を見ればおわかりでしょう。人工と自然の接点、つまり徹底的に人工的なしつらえの中で庇護と管理を受けた自然状態において、不自然に「人間の自然」は実現するしかないわけです。

それで、ウィニコットがこの種の錯覚を母親の腕の中や、膝の上を起源とし、そこに本当の自己の「いること」が誕生するとしたのも頷けることでしょうし、精神分析の中で稀にこれが起こることも報告されている通りです。つまり、山あり谷ありの「美しい自然」の原点である、母の胸に抱かれて授乳されているような気分になり、緩んで、英気を養うのです。自然は再生するから美しいのだと思います。

ただし、長じてから私が自然に「私」でいるには、人工的なお世話によって成立した不自然な部分を含まねばならないのであり、それが普通なのです。それがまとまりのある「自然な自分natural self」であり、それはプライベート（私的）な領域で広がるのです。そして、私はまどろみの状態でのまとまりのある自己体験を言うので、「もの思い」「夢想」と訳されるビオンの“reverie”の思想とは文脈が違うのでしょう。しかし、言葉の意味は近似でしょうし、それを可能にする諸条件のひとつを申し上げたことになるのかもしれません。

この、「ゆ」の中の「私」は大人とは不連続ではなく、静けさの中ではごちゃごちゃ考えないかもしれませんが、子どもっぽくはなく、退行と呼ばれるべきものばかりではないように思うのです。体は部分的に「ゆ」につかっていても、頭は寒い空気の中で醒めていることがあります。頭は静かに考えながら、体がゆったりしている、という二重性も大人の楽しみです。

6　「ゆ」から遠ざけられて

「ゆ」が許されない

この過渡的状態を悪いことのように感じる事情については、知っておいた方がいい我が国の言語的背景があります。それは、精神分析的実践である「自由連想」の「自由」が、我が国でどうして否定的に良くないこととして取り扱われてきたかという問題です。「自由」という言葉がもともと自己中心的な「我がまま勝手」を漢語で意味したものであることも、「ゆ」の肯定的感覚が許されなくなる理由の一つのようです。幼い時から、様々な理由で先の漢字の「遊」「勇」「裕」の「ゆう」が禁止され、結果的に悪いことのように感じる人たちがおられるのです。

また、現実の「ゆ」で得るものとは、けっして周囲も巻き込まれる超越的、神秘的体験ではなく、醒めたマネイジャーに管理されたところでしか実現しない、依存し周りに抱えられた「自然回帰」なのです。これを気にする人たちは、この中途半端さや矛盾を声高に「不自然」だと言うのでしょうが、その彼らも気がつかないで、ぬるま湯にどっぷりと浸かっているのかもしれません。そして

「ゆ」では他のことは外部に「おまかせ」なので、この「ゆ」から外部に出た時に感じる「お世話になった」という思いと感謝、そして「〈ゆ〉のひと時を許されて」感じる「すまない」が強すぎることもあるでしょう。逆に世話になることに罪悪感を感じるなら、一過性にも退行できません。

そしてそこには家族やカップル、つまり複数で行くのが定番ですが、〈ゆ〉が心身を緩ませるなら、複数で「共に揺れ」「共にいくこと」を通して、時には「調子にのった」クライマックスのあることを意味します。そして時に「いくこと」は一過性の発狂や性的な頂上体験を意味しますが、実際では二人が一緒に「いく」のが、「戻ること」を考えるなら、安全でしょう。そういう男女の「秘め事」では、相手や周囲によって保護されたところで、瞬間的にそして同時に私たちは浮かれ、のぼり詰め、飛び、やがて時間と共に醒めるのです。そして、何かが生まれる時は、緩んだ「自然な自己」になり心的な交わりが行われ、たまに心理的な「胚胎」があるのです。

同時に、母子関係や依存状態が再現して、心理的な「授乳」を受けて英気を養うこともあります。場所は心理的な「海＝ウミ（＝産みの説あり）」のそばでも良いでしょう。そこで心許せる人や自然を得て、心は初めて「自然な自己」がのびのびすることを許されるのでしょう。ただし、ここに逃げ込む人もいて、それも大抵は「いい加減に」しないと追放されてしまいそうです。それでということではないのですが、詳しい「からみ」は慎重に描かねばなりませんので、この方面での心理的な「胚胎」に向かうプロセスの詳細は後日改めてまとめたいと思っています。

こうした庇護されないところであっても、神経質な人はなかなか「いけない」し、「ゆ」の「のぼせ」や「独りよがり」「調子にのること」は不安でしょうし、ましてや自然との一体感はここにはありません。そして、この調子の高さから「浮かない心」「重い心」と言われる抑うつ的な心情は排除され、低いところに沈み込んでしまうのです。言葉は、いつも上澄みを掬うだけなので、言語的な治療を行う者は、上滑る言葉では取りこぼしているものの大きいことを思い起こすべきでしょう。上昇志向の「ゆ」よりももっと深い深海に生きている低温の心があり、そこは無理に「持ち上げよう」としても無理なことがあります。そこまで沈み込んで行われる、深海の出会いもあります。沈んだ彼らには、浅い海ですら、すでにまぶしい外部なのです。

内と外の間で

また、「ゆ」の外部には、早く時を刻む硬い現実があり、それと「ゆ」の間で肌が摩擦が生じたり、怪我をしたり、事故が起きやすいのも事実です。「やさしい〈ゆ〉」を求めている心は、人肌の優しさを感じたいのでしょうが、「やさしい」には「痩せる」という語源のあることを思い起こしてもいいでしょう。つまり、触れられる側が「痩せる思い」をしていることがあり、「触れる」が「さわる」になると「障る」となり、敏感肌の心に臆病や不安が生じて「ゆ」が楽しめないことも度々です。

また、ゆっくり脱いで、ゆっくり服を着る、という移行的で中間的な二重性を「私」が安心して活用できることも、「ゆ」を楽しむには欠かせない体験です。しかし、そこで盗難や覗きのトラブルが起きるのです。臨床的にも、面接室と外部のどちらかではなく、クリニックの玄関口や待合室という境界や中間地帯において、露出や侵入のトラブルが生じます。ここで「内か外か」の評価の分ける二分法を持ち込むと「内か外か」「内であり外である」と内外が入り混じるのです。

玄関があいていないとか、隣りの音がうるさいとか、先の患者と鉢合わせするとかが話題に出ます。次の最終章で示すように、むしろ問題を発生させる原因の一つは「あれかこれか」を境界や重複領域（第4章）でどうしても問い続ける、不可避の二分法にあるのです。境界は内外の混乱がいつも危惧されて、例えば日本の猥褻物の検閲では、性器という出入り口と出入りするもの、そして身体境界で入ったり出たりするところを「見せない」という禁止があり、これが一番神経をつかうところのようです。正に臨床でも同様であり、この境界や出入り口の管理において、古典的な口唇期、肛門期、男根期における失敗や成功の問題、そしてタブーが際立って生じるのです。

そして、最も深刻で困難な状態として、精神分析で自我境界の問題と言われてきた、精神的に殻や皮膚のない心や、壁のないケースがあります。融解の「ゆ」の中でその身が溶けてしまうというケースのあることも症例報告集『覆いをとること・つくること』（例えば症例G、以下『覆い』と略称）で述べました。庇護的な皮膚がなく爛れている状態では「ゆ」の中で、ますます爛れて強く沁みる場合もあります。「ゆ」は注意しないと危険であり、自他が未分化になるセックスは、主に皮膚感覚で営むものですから十全に体験できません。また、内外の境がなくなると、私たちの患者さんは見境がなくなり、「味噌も糞もない」ので排泄物を食べたり飲んだりもします。だから重症例では薬物やその他の方法でその中身を包むことも大事であり、「覆いをとる治療」ではなく、言語的に非言語的に「覆いをつくる治療」が強く求められるのです。様々な糸を織り込んで覆いを編み上げるという指針を、不十分ながらこれまでの事例報告で示してきました。心の皮膚の再生は非常に困難であり、「瓢箪から駒」のごとき発見でしたが、覆いや「距離をとる仕かけ」としての比喩や造形の発見と使用が精一杯の成果だと思っています（『覆い』の症例D、E、K。特にEで動揺しながら橋かけとなりかけるところを見てほしい）。

7　さいごに

確かに堅苦しい現代では「揺らぎ」や逆説の価値が言われますが、むしろ二股をかけた「よたよた」の不器用さが大事な特徴のように思うのです。次の章では、二重視で「ぶれる」ことが大事に思う個人的な根拠を書きます。また本章では、飲むことも泳ぐことも含め、私が幼い頃より水が好きであるところがよく出ていました。老人性変化もあって声帯周辺が乾燥しやすく、ボイスクリニックのセラピストに「まめに水を飲むように」と助言もされ、声を使う商売を続ける限りは声帯の潤いは欠かせません。

またこの原稿を仕上げたところで、国際基督教大学の小谷英文教授の退職記念講演をその傍らで聞きました。「宮本武蔵はひきこもりであった」というタイトルのお話で、彼の外界はいつも「生きるか死ぬか」の世界であり、甘えられない武蔵は自らの内部にしか逃避先を見出せなかったと言うのです。風呂嫌いと言われた武蔵はいつも刺客を恐れて、安心して「湯あみ」もできなかったと考えられ、「ゆ」の過渡的な楽しみを過ごすことができなかったのだそうです。

そこで私はこの章の最後に、大衆小説の吉川英治著『宮本武蔵』の最後の言葉を以下に掲げておこうと思います。これは人の心が、外からの人知の及ぶところでないという意味だとすれば、おそらく示唆されているのは、外部に対しては「ゆ」の余裕はなく、そこから引きこもるしかないのが武蔵の心なのでしょう。

波にまかせて、泳ぎ上手に、雑魚は歌い雑魚は躍る。けれど、誰か知ろう、百尺下の水の心を。水のふかさを。

その「水の深さ」を考えるのが精神分析という「深層心理学」なのです。

第10章　目を瞑る――「私」の兎角亀毛

1　はじめに

最後に、皆様からはよく見えない、そして私にとって興味のある、自分自身のことについてお話ししたいと思います。つまり、私が人から聞かされた話や見かけを信用せず、私がこの眼でしっかり確かめた上で本人から聞いた話をもっぱら尊重する、精神分析という仕事についた歴史を語ります。はっきりと結論を先に申し上げるなら、私たちにとっては「百聞は一見にしかず」ではないということなのです。

2　兎と亀

私の研究やエッセイでは、人には表と裏があるものと捉え、生産的な女性の背後に傷ついた鶴がいたという昔話を踏まえた、「見るなの禁止」と幻滅のテーマが中心になることが多いのです。それでよくある空想で、北山もまた〈つう〉のような自虐的世話役を生きているのではないかと思われる方が周囲におられます。確かに、生産的な私の正体が傷ついた鶴だったというのは、一面の真実でしょう。実際にこの文章も何か月もかけて仕上げましたが、私の持病である目の機能低下のためにけっこう苦労しました。

しかしながら自分のことを数十年かけて観察した上で、この異類婚姻説話の流れを私自身の人生や生活に置き換えてみるなら、それだけでは大いに不足があるのです。私自身が自覚するところでは、大好きな「兎と亀」という話を加えた方が、私の生活の全体像としてはさらに正確になると思います。これは『劇的な精神分析入門』に書いたことですが、最近特にその内容と人生との重なり合いがはっきりとしてきたのです。

つまり、イソップの「兎と亀」の物語もまた、一人の人間の中で起きる人格の二重性の話であり、こちらは裏表というより昼夜の二重性です。まずは、昼間人前に出て概ね元気であり、時に跳ねまわる兎なのですが、その後ろの楽屋には、確かにいろいろなことで傷ついたり、そして疲れきった兎がいることがあります。つまり午前中一気呵成に書き散らして、午後それを目を凝らしてチェックし、コンピューター画面を見つめながら修正し加工していると神経が疲れていきます。この生産者にありがちの「台所は火の車」、あるいは「自転車操業」というような裏腹を外から見て、〈与ひょう〉たちは驚くようですが、当然それは私の人生の全部ではないのです。つまり、その後の物語があります。

私が、昼間遊んで、あるいは懸命に働き、夜になり疲れ果てて横たわり目を閉じると、あるいは昼間の勝負に勝って良い気分で横になり目を閉じると、倒れて眠る兎の後ろからゆっくりと亀が立ち現れるのです。この亀は、ほとんど目を閉じ、歩みはのろく、夜は夢と眠りの中にいて、泥の中でまさに泥亀になることもあります。その間、ほとんど甲羅の中に閉じこもるこの亀の心は一体どこで何をしているのか自分でもはっきり把握していません。そして朝方になり私が見かけるのは、亀は覚醒に向かうところで少し顔を上げて深く考えているのです。

このまどろみの中で、私は亀でも兎でもなく、その間で本来の「私」自身なのであり、その「私」はそこで沈思黙考しています。若い頃はここで子どもたちが私を起こしにかかったり、猫が顔の上に乗ったり、目覚ましが鳴って飛び起きたりでしたが、年老いて周辺がおだやかとなり、この中途半端な時間が着実に増えてきたのです。ずっと幼い頃は、いつもこれが一番自然な状態であったのに、それが寝ているのか起きているのかわからない、あまりにぼーっとした状態で考えているので、突然、寝るか勉強するかのどっちかにしなさいという社会への参加を強いられるようになったのでしょう。つまり、昼夜の二分法と分類し評価する構造の中で亀か兎かのどちらかでいることは求められるようになり、昼間の私は「私」でいることを止め適応のために兎のぬいぐるみを被るようになったのです。そして、夜の愚鈍な亀もまた、外の要求に対して反動的な部分を含有し、取り残された怒りや悲しみを抱えているのです。

『劇的な精神分析入門』では、この夢うつつの中間的な領域で考える「私」を、自分に正直な「素の自分」だと書いたことがあります。亀でも兎でもない、そして亀でも兎でもあり、その真ん中で「本来的」とでも言うべき状態で、「私は私」なのです。そこで朝起きたら近しい人や患者に何を言うべきか考えたり、友人に謝ろうかとか、何を買おうかとか思いついたり、眠りにまた落ちたりしています。若い頃は雄になって朝のまどろみで性的に興奮したりして、正直で、今でもたまには地底探検の計画も念入りに立てているのです。そして時には気がついたら、おいおい泣いていたり、誰かを怒りで罵ったり、吠えたり、ぶつぶつ言ったりしていても、実は外からは寝ているように見えます。「狸寝入り」に見えても、揺すられないと起きないし、自分では普通であり揺れても固まってもいないつもりです。しかし、外の二分法から見るならそれは「兎角亀毛《とかくきもう》」であり、中途半端で両面的な「どっちつかず」で分裂気味の「せんとくん」なのです。

そして私個人の場合は覚醒の直前で考えるので、そこでこそ恋の歌も生まれるし、すでに書いたことですが、人生の「瓢箪から駒」のクリエイティビティはそこが現場です。また、分析のセッションで「私」が目を瞑り外のことは何も見ずに暗闇の中でぼんやり考えていますと、揺れながら、本来の自分としてまとまっているなあと感じることがあります。臨床精神分析の実際では、この考える「私」になって皆様の亀を想うことが必要だと考えます。臨床場面で「私」がこのモグラや亀に近い状態で応じるなら、患者も蛙やイソギンチャクになったりします。そこは「私」は主観的には亀でも兎でもないので中間的で中立ですが、外から見るなら亀でも兎でもあるので両面的な「どっちつかず」であり、この素の状態で人の心の動きを知るには、私は外をまったく見ない方がいいと思うのです。

そして外に出た執筆活動では兎と亀の両者で引き継ぎがあり、例えば朝方亀が思いついたことを日中兎が選択的に書き記し、推敲し書き直すところが外向きの創造性の核心です。この、「私」を介しての元気な兎と愚鈍な亀の連携、これこそが私の人生が多産でいられた理由なのだと考えます。そして完成度をあげるために原稿の修正や直しで一生懸命になると、いくら楽しくてもやがて兎の目と頭脳が一番疲れてきて終わりがきます。

これを「強迫的だ」と言う人が外部にいるのですが、疲れたら中断することになるので、嫌になってもやめられない強迫とは違います。また兎の言い分としては、この細やかな思考は基本的に楽しいものですし、周りが見えにくいので大事なものを自分の目に見えるところにきちんと置こうとする傾向は私を安心させるものです。そしてそれらは、ほとんどが成功体験をもたらしますし、目を瞑るなら大部分消えて軽くなるのです。日本語の「目を瞑る」とは許すということだなとつくづく思うのです。逆に「晴れの日」や「晴れの場」で兎はのぼせて調子が高くなり、「軽躁的になる」という印象は現象的には正しいかもしれませんが、祭りの後は確実に「冷めて」いきますので、それも自然なことだと思います。

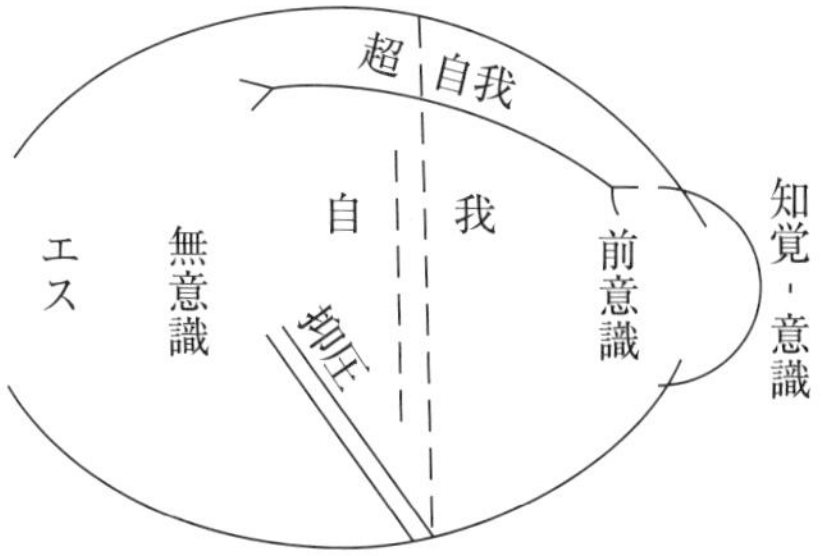

フロイトの心的装置

3　疾病利得という秘密

そして、この夜の亀と昼間の兎の協力関係には、病気になって得をするという「疾病利得」の秘密があるのです。実は生まれつき目に外斜位という障害があるために、私の言語感覚は目に頼らず聴覚優位で、幼い頃は会話から言葉や知識を吸収し、思春期は本よりも音楽、特に目を閉じて楽しむ歌詞やラジオで育ったのです。昔からお習字や読書があまり好きでなく、何事も耳学問が多いというのもここからきていると思いますし、現在の職業である精神分析は基本的に耳学問だと言っていいでしょう。

それで、私の目の状態は、精神分析の最中を含めて私の心の在り方の多くを決定しています。そしてこれは私だけの事情ではなく、おそらく多くの人々に共有されているものであり、日本語の「心の目」「心眼」という表現は心が目と連動するものだと証言しているのでしょう。上のフロイトの論文「続精神分析入門」に掲げられている心的装置の図も目の横断の解剖図と似ていますが、実に心とは目のようなものなのでしょう。

医者以外の人に説明しますと、私の持病の外斜位とは潜在性の斜視、あるいは間欠性の斜視で、普段はそうは見えなくとも目を閉じると世界に向かう両目の位置が斜視のように大きく開いてしまう状態です。客観的には軽いと言わざるを得ない解剖学的問題ですが、私にとってはやっかいなことでした。つまり、この障害は軽いものなら多くの人に存在しますが、私の場合は生まれつき程度が強く、読書で両目を寄せる際の困難から幼い時の書物嫌いやお習字嫌いの傾向が生まれたようです。それでも二十歳になっても、斜視には移行しないで、両眼で外を見ることをぎりぎりのところで諦めていなかったのです。この追いつめられても「諦めない」という傾向は私の基本姿勢と言えるでしょうし、逆にいったん諦めたなら「目を瞑る」ので実にあっさりしています。

それは文字の世界に憧れながら禁止されているような状態で、私らしい解決として、大学時代に本を読まなくとも、音楽と共に言葉と遊べる作詞の仕事に携わったのも当然と言えます。音楽が好きだった私は二十代前半で作詞家として或る評価を得ましたが、本人としてはこの目の障害にまったく自覚がなく、なぜ本を読むのが嫌いで耳に聞こえる歌に惹かれるのか、わかっていなかったのです。周りも私自身も、私の読書嫌いは「なまけ」だと捉えていたようです。

今から考えると、私に起こった多くの混乱がこの目の問題によって確かに説明できるのです。少年野球で外野を守っていたら飛んで来るボールに対し目を寄せる輻輳反射が追いつかずボールが二つに見えたという体験も、双眼の顕微鏡による医学部実習で視野が二つあるのでスケッチするのに混乱したという経験もそうです。さらに、目で確認せずに理解するので同音異義語に敏感となり、そのための混乱もあったし、時計の針や物差の目盛りを読むのが一番苦手でした。二重視や「ぶれ」で、幼い頃はどっちのボールを受けたらいいのかわからないというような恐怖が生まれ、かなり臆病になりましたが、具体的な生活では問題は限局され、そこを外せば大した困難でもないのでそういうもんだとばかり思っていました。

また思春期には、理髪店でぼーっとしていたら、鏡の中で私の頭がナスビやトマトという野菜になって話しかけてきたのですが、これも場所が限局され周囲が何も言わないので、私はそういうものとして受容したものでした。イマジナリー・コンパニオン（想像上の仲間）という現象かもしれませんが、この人間でありながら動植物であるという二重性のテーマは、先に述べた「兎と亀」に関係がありますし、フォークダルセダーズの『コブのない駱駝』という私の作詞した歌にも登場する主題です。『コブのない駱駝』では豚が立って歩くのですが、それで正体は人間だったという話の展開で、再び動物でありながら人間であるという割り切れない二面性を笑っています。きっと私は、豚でも人間でもないが豚でも人間である、二分法以前の状態を回復させようとあがいていたのです。

そして、この障害が初めて発見されたのが医科大学の最終学年の頃で、眼科の実習においてなのです。カバー・アンカバーテストという検査で、一方の目をしばらくカバーして、すばやくカバーをとって両眼視させると目が反射的に大きく動いて中央に寄るという現象が発見されたのです。つまり、目を瞑ると両目が外に大きく開くという現象、この発見のおかげで、いつも力を入れてものを凝視し目で確認する癖と、読書が十分くらいで嫌になる傾向について身体的な説明が可能となりました。そして手術で本が楽に読めるようになるという可能性もひらかれたのでした。

眼科の足立興一先生は私に確認されました。「本が読めるようになりたいか？」と。答えはもちろんイエスでしたが、手術の直接の理由は本を読まないままで医学部を卒業し国家試験をクリアーできないだろうという予想と、すでに片目で見ることが少しずつ始まっていたので、間に合ううちに斜視を防いで両眼を生かそうという目論見でした。

ここで、私の将来を考えて手術を決定された、母校の眼科教室スタッフと、同級生で二度目の手術の執刀医である久山元先生に感謝せねばならないのです。発見の数か月後、眼球の内側の筋肉を短縮するための一回目の手術は実行されました。もちろん視覚の末端の器官だけを加工しても、その後ろの構造が外に向かおうとするので、最初の手術では少し楽になったという実感がありましたが、一年くらいで元に戻ってしまいました。それでも無事私は医者になりましたが、再び私の視覚世界は、疲れたり酔ったりするとすぐに緩んで、二つに分かれて見えやすくなったのです。

しかし、その後ロンドンにおける精神分析との出会いで、フロイトやウィニコットの本が読みたいという欲望はますます募りました。そして帰国した私が三十歳の頃に受けた二度目の手術によって、人工的に目が前方にきつく寄せられました。「今度はきつめに」というのが私の希望であり、これが大成功で、その後数十年は書物を両眼で読むことが非常に楽になったのです。もちろん加齢と共にまた元に戻る可能性がありましたし、自然な目の位置が人工的に前方に焦点づけられたことに抗して、目の後方でこれまた自然に外に開こうとする頭脳の動きを感じ取ることもできました。

手術の成果は予想を遥かに超えるもので、術後の私は精神医学や神話の本をこの自分の眼で正に貪るように読み始めたのです。読めるだけではなく、文字が楽に書けるようになった喜びも忘れがたいものです。三十歳代から六十歳過ぎまでに私の書いたものや翻訳の仕事は、すべてその時の喜びを携えています。若い頃の無駄に疲れた読書で失われた時間を、何とか取り返そうとしたのだとも言えます。同時にワープロの登場で、字が下手という私のコンプレックスも霧散しました。ウィニコットの著作の翻訳と研究、北山研究所の『日常臨床語辞典』、フロイト「ねずみ男」の治療記録の編集と翻訳、ストレイチーの解説集編纂、フロイトと日本人の書簡集の編集など、仲間と共に細かい作業を厭わずに完成した仕事は皆そうです。また浮世絵や美術を素材としたビジュアルな研究も次々出来上がったのですが、これらはすべて自分の眼で見ることや読むことの喜びに満ちたものので、目の手術が成功していなかったら、こういう仕事は生まれなかったと思います。

さらに、意外な気づきが生まれました。昔からあった傾向でしょうが、私は閉眼と開眼で自分の精神状態が微妙に変わることがわかりました。しっかり覚醒し獲物を狙うように凝視することと、目を閉じて空想し、あれこれ思うこと、つまり精神の集中と遊び、思考と空想、覚醒と睡眠、緊張状態と緩んだ状態、強迫的に考えることと音楽的・詩的になることを、望むと望まざるとにかかわらず、ある程度区別できるようになったのです。私は勝手にそれを動的でテンションの高い「言語脳」と静的で緩んだ「音楽脳」と呼びました。

4　兎と亀の交替と混乱、そして二重視

先の比喩で言うなら、私は目を閉じると亀になり、目を開くと兎になるのです。もちろんこの表現は比喩ですし、実は本当に亀になると兎は眠るので、兎はこの亀を見たことがないのです。

しかし、残念なことにこの病気は利得ばかりではありません。特に年老いてからは、眼の機能の不調からだと思うのですが、日中目を見開いて集中せねばならない仕事は、一定の時間が経つと頭の奥に異様な疲れを感じるようになりました。これは読み書きだけではなく、ＤＪや講演などのおしゃべりも含む覚醒時の集中を要する言語的な仕事において概ねそうなのです。ますます「目敏いな」と自分のことを思うことがありますが、それはいつも時限装置がついたような開眼状態で、目の疲れる仕事は時間を制限せねばならなくなっているのです。

それゆえ最近では、集中的にものを読んだり書いたりするのが少なくなっています。また、書物嫌いが舞い戻ってきたようです。特に、論文指導を求める若い人たちや、出版社の人たちには、この事情を説明して仕事上の非礼をお詫びし、これまでのご援助について心からお礼を申しあげたいのです。

さらに、目を瞑ると頭が楽になるので、スローな「素の自分」になるのがあまりに自動的になっ

てきています。ただし、これは相手を見つめずに時間をかけて精神分析を行う臨床家としては利点が多いと感じるところです。そして私は大いなる結論として、自分の目の問題を生かすために、この仕事に就いたのだと言えそうです。

また最近の私は、家で朝方目が覚めても、しばらくは寝床に横たわっているのが好きで、うつらうつらしていると亀から兎への中途半端な移行状態が体験出来ます。つまり、開眼して二つの世界を中央に寄せ一つにまとめて立体的に見る「両眼視」と、力を抜いて二つの世界を二つにしたまま並べて見る「複視」との間に、「ぶれる二重視」という過渡状態のあることが特筆されるべきことなのです。これが先に書いた、外を見ずに考える「素の自分」の瞑想状態に付随するものであり、昔からあるのですが、最近確実にその存在を自覚するようになってきました。

兎と亀の間は、その不器用な輻輳の過程によって、いろいろな事物の部分的要素が入り混じるスフィンクスや人魚、鵺、鶴女房のようでいながら、一つの状態なのです。そして、この生半可や中途半端、そしてその寄せ集め状態への関心はおそらく私の精神の特色なのでしょう。ここで私は「本来的」で「私は私」なのですが、こういう私を外から見るなら中途半端で多面的なのであり、周囲の人たちを怖れさせるかもしれません。「兎角亀毛《とかくきもう》」という表現がありますが、その意味は、亀に毛が生えたり兎に角が生えたりするというのはありえないので、通常なら起こらないことなのです。しかし私的には、あのまどろみの中で目を瞑って起きている自分が亀でありながら兎だったりするので、それはあり得る状態なのです。そしてそこでは、亀でも兎でもない「私は私」である

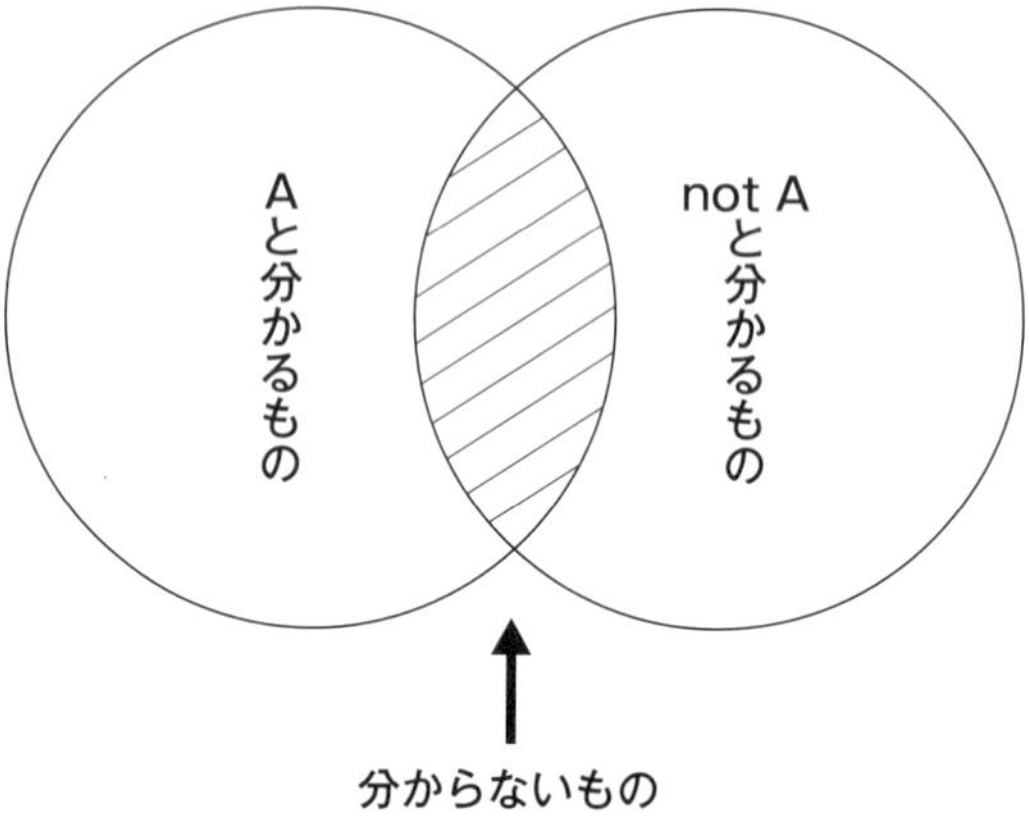

時があるのです。

また、私がよく引用する上の図はV・ターナーやM・ダグラス、E・リーチら人類学者の意見を参考にしてはいましたが、この二重視の体験を踏まえており、私の著作で「見にくいもの」や「見るなの禁止」がキーワードになったのも当然と言えましょう。これまで私はこの状態の意義は機会がある度に探求していますので、読者の多くがご存知と思いますし、朝日出版社から出たよしもとばなな氏との対談集『幻滅と別れ話だけで終わらないライフストーリーの紡ぎ方』（二〇一二）にそのことを書いています。NHK出版の拙著『帰れないヨッパライたちへ』（二〇一二）の本で言う「あれかこれか」を強いる二者択一に対して、私は「あれもこれも」という二重視の状態を確保しているというわけなのです。そして、この重複する中央に「評価の分かれるところ」があると言ってもいいでしょう。

この身についてしまった兎と亀の交替が毎日リズミカルに繰り返されているうちは調子がいいのですが、一番苦手なのは、時差のある海外旅行における、突然の眠りと覚醒のリズムの狂いと調整です。つまり、いつもは兎であるはずの時間に急に亀になって眠れないし、亀の時間に兎に急には戻れないのです。美しいものをたくさん見る海外旅行そのものは大好きなのですが、そのままではまともに学会発表もできないし、好きなミュージカルに行ってもすぐに眠ってしまうのです。

そのため一年に一度か二度の、すぐに行ってすぐに戻って働かなければならない短期間の海外旅行の最初と直後には、どうしても睡眠導入剤やトランキライザーによって時差ぼけを調整し睡眠を確保せねばならないのです。またこの事実を知った生真面目な人たちを驚かすことがあるのですが、時差ぼけ時の睡眠確保のための服薬はクオリティ・オブ・ライフ（ＱＯＬ）を考えると支持されることですし、毎年十日ほどのことなのですが、事情を知らないままだと、どうしても私が常用していると空想されるのでしょう。

また、思いがけない事件や事態に遭遇し、私の中の亀が日中紛れ込んで、言い間違いやひどい勘違いをやらかすのです。時には周囲を心配させる放言や見当違いもあります。車の中で寝込んで、突然起こされると亀はそこがどこかわからなくなり、あわてて降車するので忘れものや落としものも増えます。若い時は特にひどかったはずですが、ありがたいことに大抵、神経質で計算高い兎が何とか失態をカバーし取り繕いを行ってくれました。こういう間違いは、当然のごとく目の問題だけで起こっているわけではないのですが、目のために際立っていることは間違いないのです。そしてまた私は、この兎と亀が対等にボケとツッコミをやると、タイミング次第では滑稽さを生み出して喜ばれることも知っているのです。

5　読むべきほどのものは見つ

こんな風に混乱する様子を内側から見ていますと、本来的にはぎこちない私の人生が日常的に兎と亀を交替させることができ、今や図のごとく自動的に連続性を保ちながら何とか展開できるのは、兎と亀という「交替人格」をそこに置いて抱えてくれた家族や友人、同僚、そしてスタッフという「抱える環境」とその包容力のおかげなのです。私の文章や作品は実は、すべてそういう外的な環境に支えられ、のろまな亀とせっかちになりがちの兎が協力して内から外に向けて書いたことなのです。皮肉な人なら、眼科の手術によって元気になった兎を「偽りの自己」と呼ぶかもしれませんが、兎自身は、これもまた本当だと主張するに違いないと思います。ウィニコットは、その論文で斜視は性格の分裂の表れと書いていますが、私にはこの適当な分裂が「深い意味のある」人生を可能にしてくれたと言えるのです。

もちろん大抵、外の人は兎しか見ないし、見えないのです。陽気な兎と神経質な兎しか見ない。その上私にだって、この兎が眠ると現れる亀のことを書くのはなかなか難しいのです。目を閉じるとそこにいるのに、兎が亀の姿を見ようとする度に亀は首を引っ込めます。いつもこの地味でゆっくりした亀を描き出すことがこの報告における重要な課題だったと思うのですが、今のところそれ

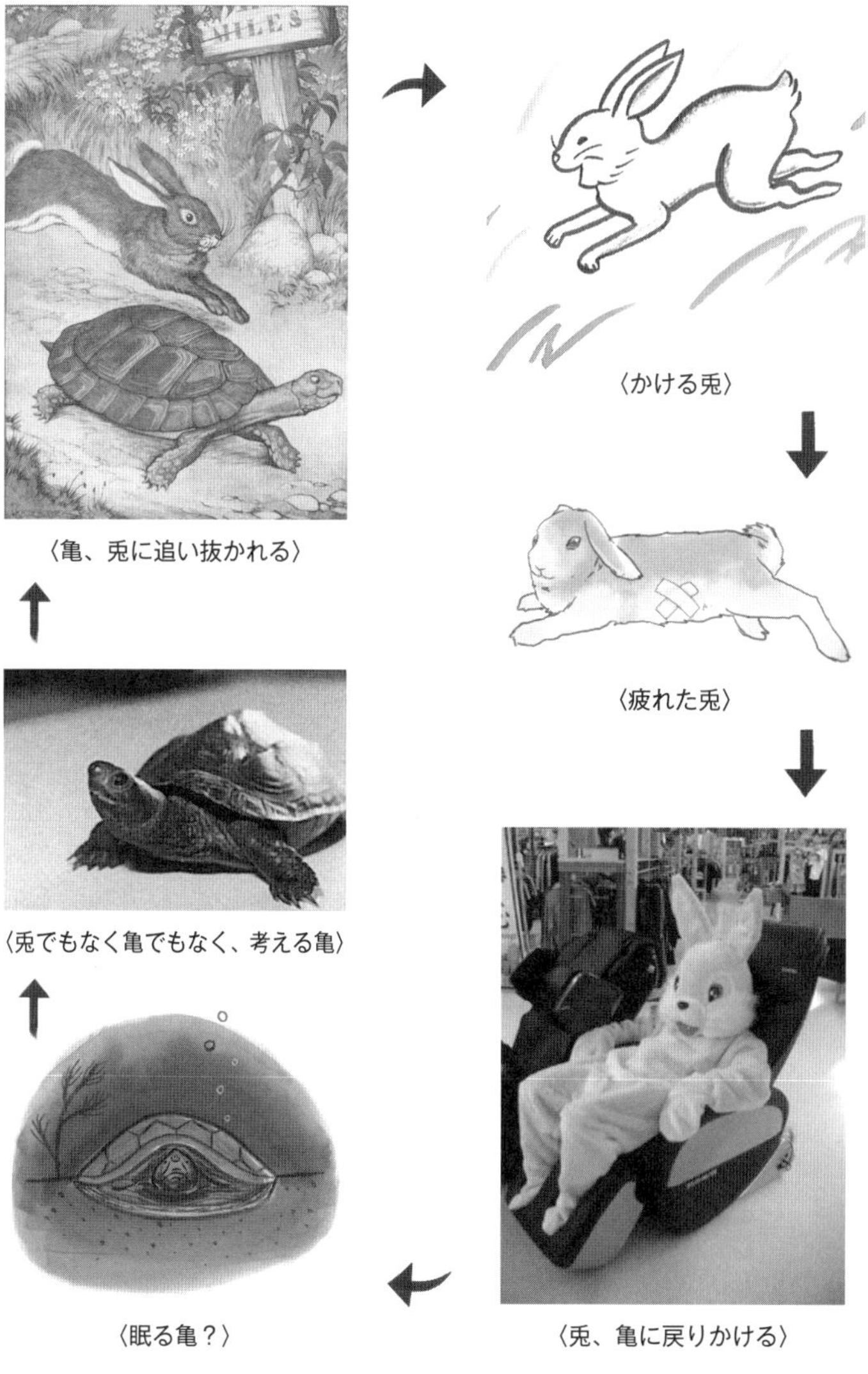

平均的な一日のサイクル

を生きる以外に私が亀のことを知る方法がなかなかないのです。そして、亀が亀のまま舞台に上がっても、みんなにはあまりに地味なので無視されやすいのです。

そして、この人間の本来の姿をきちんと言葉にするには、外を見ずに暗闇で考えては言語にする精神分析そのものしかないと思うのです。私は、回数の多い精神分析とは「素の私」になり亀を考える仕事であり、「兎の仕事」ではないし、厳密には「亀の仕事」でもないと思うのです。兎的なパーソナリティが多い患者さんたちの中には、私がセッション中にのろまな亀に近くなるのでほっとする人もいますが、亀は不器用でありミスが多いので叱られることも度々です。そして、この亀の治療を実際に受けてみて、あまりに冴えなくて鈍いことを理由にして中断したいと思われる方もおられます。また少なくない方々にとって、この状態は奇異で怪しく、ともかく怖い時はいつもの二分法で「兎角亀毛」というレッテルを貼るしかないのだと思います。

それでも、分析家としての「私」自身は、亀に近づいて暗闇でゆっくり仕事をするのを好みます。とくに兎と亀の中間でじっとしていると、中立で、人の心の動きがよくわかると思うのです。治療記録もイマジナティヴになれる暗闇で書いています。他のものが見えず、字が読めなくても良いからです。だから私は、フロイトが次のように言う理由がよくわかるのです。彼においても、照明のあたった部分と、暗闇で仕事をするモグラのような状態との交替があったようです。

暗闇に適応した私の眼がおそらく強い光や広い視野に耐えられないことがあるのでしょう。しかし、私はモグラになりきってしまったわけではありません。より明るいもの、包括的なものの予感を喜ばないわけではありません。（ルー・アンドレアス゠サロメへの手紙、一九一六年五月二十五日付）

ここで照明をつけて目を開いて見るなら、包括的な結論として私は六ついるということなのでしょう。かける兎、疲れる神経質な兎、そして眠ると行方不明になる亀、明け方の考える亀であり、さらに亀と兎の間に、亀から兎へ、兎から亀への興味深い移行状態が挿入されます。昔は夜行列車で関西から博多に行き、小倉辺りで、朝出たばかりの新幹線に追い抜かれるのを楽しんでいましたが、今の余裕のある朝はあれと似ていることがあります。私のおくる人生の軌跡は、それらがこの数十年曲がりなりにもリレーを行ってくれた証拠と言えます。繰り返しますが、ここで言う「眠る亀」には会ったことがないので仮想の存在です。正直言うと、私が眠ると亀が温泉に飛び込んで地球の裏にあるイグアスの滝の底に落ちるという荒唐無稽な連想があるのですが、それでも亀はここに戻ってくるので驚異です。実は、その辺のありきたりの温泉に行っているだけなのかもしれません。

精神分析家は個人的問題を語らないものですが、以上のごとく生々しい話なので、メタファーを織り混ぜて語ってみました。九州大学時代にお世話になった先輩の前田重治先生には、昔、この話は公言するなと私に助言されていましたし、周囲に対しては正しく「見るなの禁止」の状態でした。しかし、六十代も後半となり、臨床もこれ以上増やすことはないでしょうし、もう書きたいことはだいたい書いたという気分なのです。それで、周囲への説明のためにも、そして原稿依頼や若い人の論文指導を断ることが多くなって、その理由も述べるためにも、以上のごとく語ってみました。いかがでしょう、うまく書けたでしょうか。

その前田重治は『「芸」に学ぶ心理面接法』の中で、フロイトの「分析医に対する分析治療上の注意」（1912）を取り上げてこう言っています。

自由連想法を行わせる五十分間のなかでは、余計なことは何も考えないで、相手の話をただぼんやりと聞き流しておくのがいいということがよくわかるし、こちらも安心して心を遊ばせておくことにしようと思う。しかしそれでどうして相手の心を分析できるのだろうか――。ここで実はその次の行に、彼がきっちりと、「分析時間が終了してから、獲得した材料を総合的な仕事に委ねること」という一行を付け加えているのを見落としてはならない。

前田も、フロイト精神分析の芸は覚醒時の再構成と漂うような遊びの状態との間、そしてその往復にあると考えています。そして、今回この文章を書いたので気がついたのですが、私の日常生活での働く兎と遊泳する亀が周囲の嫉妬を招くくらいに仲が良かったし、それを言うと自慢げに聞こえるので、こういう目の事情と共に具体的な技法論を今まで書かなかったのかもしれません。それを今回書けたのは、その幸せな自己愛的連携が破綻しつつあるからでしょう。そこで苦労話を期待されるなら、最近は、私の視界はにぎやかで、左目の網膜を覆う膜（黄斑上膜と言います）のために少し霧がかかったような状態で、この原稿が書けたのもパソコンの輝度調節により大きい字をくっきり提示させる液晶画面のおかげです。兎は、自分の目で凝視することで目をトレーニングしていたという面もありますので、使わないと途端になまける可能性があり、好きな野球観戦でボールがはっきり見えないのもつまらないものです。しかし、本に関しては「読むべきほどのものは見つ」という心境で、見えなくともまあいいかと感じる時もあり、私は昔の音楽人間に戻りつつあります。

ただ、ここではあまりに個人的なものに聞こえるかもしれない、開眼と閉眼の間にある目や心の往復運動は、多くの人にもあるはずの創造的な運動だと言えましょう。この原稿も、亀の無神経な思いつきを神経質な兎が文字にしたものです。だから、もしこのまとまった文章を話して聞かせたなら、言いたかったことはこんなんじゃないよと亀は言うでしょう。そして、そもそも目を瞑る亀には文字は読めないのです。

6　さいごに

以上の個人の裏話のようなことをお話しした動機は、我が国の精神分析のパイオニア古澤平作が、「自分のことを語るなら、自分の目が不自由であったことを忘れないでくれ」と言い残されていたのと、思いは似ているかもしれません。目と心の連動は、意外なほど語られてないのでしょう。ここまで書くと、私もほっとした安堵の気分になり、同時に予測した通りに疲れてきました。もちろんこの話にはさらに奥があり、続きがあります。それはあるかもしれない、またの機会に譲りましょう。特に米国のギタリストのレス・ポールが発明した多重録音が音楽に革命をもたらし、それが私たちの『帰ってきたヨッパライ』と眼の手術を介して私の人生も多重にしたという、文明や技術の進歩と人生の多重性の議論は興味深いテーマとなるでしょう。人間の体も、声も、目も、自然状態が人工的に手が加えられて、「不自然な自然」になっているという訳です。

これは京都で書いていますので、相変わらず鴨川スズメのさえずりがうるさいのです。しかし焦点づけずに、窓から遠くに見える東山の新緑は、目が疲れないこともあって、いつも美しいと感じます。

さあ電気を消して、目を閉じ亀に戻ることにしましょう。つまり、イソップの通り亀の勝ちです。外界について目を瞑れば、兎の愁眉が開かれ、緩くて至福で雌伏の時間がきました。昔、年老いた祖母が夜寝る時「極楽、極楽」と言っていたのを思い出すのです。そして昔話の鶴の正体は、実は亀だったのかと想像するのですが、その亀は半分死んでいるのかもしれないのです。

最後に、私の目の機能を助けて頂いた方々に感謝せねばなりません。特に外向けに書くことや外から情報を読み取ることに関し、長きにわたる仕事を手伝ってくれた家族、研究会に参加された仲間、そしてスタッフの皆さんに、ありがとうございましたと申し上げます。

あとがき

よく、ニワトリが先かタマゴが先か、という問いがあります。それは考えさせる問いですが、正確な答えは「分からない」のです。私はそういう「ニワトリ・タマゴ」的な問いかけに興味があるのです。

そして、それが特に好きだというわけではないのですが、スフィンクスや鵺の世界は私には実に興味深いのです。しかし、人間が猿から進化したという単純な進化論が大好きで、動物でありながら人間であるキャラクターについてこれほど長く興味を持つのは、やはり私の同一化だからでしょう。だから「葛藤するケンタウルス」として、当然のごとく精神分析に出会い、必要としました。

その上、この物事を多重視する心の問題は目から始まったのではなく、むしろ性格の多重傾向が先であって、そこから目の問題となったという方向も確実にあったのだと、この本を書きあげている段階から考えるようになったのです。そして「評価の分かれるところ」とは「人の評価」を通常意味しますが、言うまでもなく基本は私自身が行うこの「評価の分かれるところ」なのですから。

まったくそれはどっちだと言い切れないのです。私は世に言う「ゆるキャラ」というものが大幅に許せるし、最近の多面的存在の大ヒット、奈良の「せんとくん」も愉快で悲しいが、気持ち悪くはないのです。ただただ、その二重性ゆえに奇異となる「あやしい」ものや、変わった「おかしい」ものに対する感受性や興味が、若い人の間で維持されていることを望む次第です。

私は、この許された中間領域で、弁証法的な高見を目指すことも、どこかへ連れていこうとも願っていません。時に私たちのライバルとなるリーダーたちは、あそこに行こう、ここへ行こうと鐘太鼓を鳴らしますが、とにかく私たちはここで何とかしていこう、そしてそれもまた何とかなるかなと感じるのです。

さて、「評価の分かれるところに」と言うと、皆さんがその後どうなるのかと聞かれます。しかし「立つ」「揺れる」「ぶれる」「倒れる」「引き裂かれる」「ふれる（狂）」「ふりきれる」と皆さん個性的でいろいろでしょうね、と言わざるをえません。そしてこう並べてみるなら、日本語とは本当によくできているなと感嘆せざるをえないのです。

一昨年の古澤賞（学会賞）に続いて、今年は精神分析の執筆活動に与えられる小此木賞を頂戴することになりました。ここにきて、今までの仕事を発展的に包括的にまとめてみたくなったのは、この受賞と結びついていると思うのです。よって、日本精神分析学会の会員諸氏と、ずっとお世話になっている眼科の主治医たちに心からの謝意を表したいと思います。

また最後に、長くお待ちいただいた誠信書房編集部の児島雅弘さんにも感謝の意を表したい。

文　献

第1章

Bettelheim, B.（1990）『フロイトのウィーン』（森泉弘次訳）みすず書房、一九九二年

Cixous, H.（1976）Fiction and Its Phantoms, A Reading of Freud's Das Unheimliche. *New Literary History*, 3; 525–548.

Freud, S.（1900）「夢判断」（高橋義孝訳）『フロイト著作集2』人文書院、一九六八年

Freud, S.（1905）「機知——その無意識との関係」（生松敬三訳）『フロイト著作集4』人文書院、一九七〇年

Freud, S.（1906）一九〇六年五月八日付シュニッツラーへの手紙（生松敬三訳）『フロイト著作集8・書簡集』人文書院、一九七四年

Freud, S.（1910–12）「〈愛情生活の心理学〉への諸寄与」（高橋義孝訳）『フロイト著作集10』人文書院、一九八三年

Freud, S.（1914）「ミケランジェロのモーゼ像」（高橋義孝訳）『フロイト著作集3』人文書院、一九六九年

Freud, S.（1919）「不気味なもの」（高橋義孝訳）『フロイト著作集3』人文書院、一九六九年／（藤野　寛訳）『フロイト全集17』岩波書店、二〇〇六年

Freud, S.（1920）「快感原則の彼岸」（小此木啓吾訳）『フロイト著作集6』人文書院、一九七〇年

Freud, S.（1922）一九二二年五月十日付シュニッツラーへの手紙（生松敬三訳）『フロイト著作集8・書簡集』人文書院、一九七四年
Gay, P.（1988）『フロイト1』（鈴木 晶訳）みすず書房、一九九七年
Jones, E.（1957, 再編集版1961）『ジークムント・フロイト――生涯と仕事』（竹友安彦ら訳）紀伊國屋書店、一九六九年
Jung, C. G.（1961, 1962, 1963）『ユング自伝 1』（河合隼雄ら訳）みすず書房、一九七二年
Kanzer, M. & Glenn, J.（Eds.）（1979）*Freud and His Self-Analysis.* New York and London: Jason Aronson.
北山 修『劇的な精神分析入門』みすず書房、二〇〇七年
Mahony, P.（1982, 1987）『フロイトの書き方』（北山 修監訳）誠信書房、一九九六年
Masson, J. M.（Ed.）（1985）『フロイト フリースへの手紙――1887–1904』（河田晃訳）誠信書房、二〇〇一年
小此木啓吾『現代精神分析の基礎理論』弘文堂、一九八五年
Rank, O.（1925）*The Double: A Psychoanalytic Study.*（Tr.: Tucker, H.）Chapel Hill: University of North Carolina Press, 1971.（同著者の一九一四年の論文に基づく書物）
Strachey, J.（1953-66）『フロイト全著作解説』（北山 修監訳・編集）人文書院、二〇〇五年
諏訪 望「分裂病者の無気味体験――臨床精神病理学の原点をふまえて」精神医学、三二巻二号、一一八‐一二八頁、一九九〇年
山崎正和『劇的なる日本人』新潮社、一九七一年

第2章

Bion, W. R.（1962）「思索についての理論」（白峰克彦訳）『メラニー・クライン トゥデイ②』（松木邦裕監訳）岩崎学術出版社、一九九三年
Freud, S.（1923）一九二三年四月四日付ロマン・ロランへの手紙（生松敬三訳）『フロイト著作集8・書簡集』人文書院、一九七四年
Freud, S.（1925）「みずからを語る」（家高 洋・三谷研爾訳）『フロイト全集18』岩波書店、二〇〇七年
Freud, S.（1927）「ある幻想の未来」（浜川祥枝訳）『フロイト著作集3』人文書院、一九六九年
Freud, S.（1930）「文化への不満」（浜川祥枝訳）『フロイト著作集3』人文書院、一九六九年
Gay, P.（1987）『神なきユダヤ人』（入江良平訳）みすず書房、一九九二年
Gay, P.（1988）『フロイト1』（鈴木 晶訳）みすず書房、一九九七年
Gilman, S. L.（1993）『フロイト・人種・ジェンダー』（鈴木淑美訳）青土社、一九九七年
北山 修『錯覚と脱錯覚』岩崎学術出版社、一九八五年、改訂版二〇〇四年
北山 修「冗談と比喩」『言葉の橋渡し機能』岩崎学術出版社、一九九三年
北山 修（編著）『フロイトと日本人』岩崎学術出版社、二〇一一年
Schreber, D. P.（1908）『シュレーバー回想録』（尾川 浩・金関 猛訳）平凡社、二〇〇二年
Strachey, J.（1953-66）『フロイト全著作解説』（北山 修監訳・編集）人文書院、二〇〇五年
Winnicott, D. W.（1971）『遊ぶことと現実』（橋本雅雄訳）岩崎学術出版社、一九七九年

第3章

Bateson, G. et al.（1956）Toward a Theory of Schizophrenia. *Behavioral Science*, 1; 251.
Fairbairn, W. R. D.（1952）『人格の精神分析学』（山口泰司訳）講談社学術文庫、一九九五年
Freud, S.（1955）『「ねずみ男」精神分析の記録』（北山 修監訳、高橋義人訳）人文書院、二〇〇六年
北山 修『悲劇の発生論』金剛出版、一九八二年、増補版一九九七年
Kitayama, O.（1991）The wounded caretaker and guilt. *International Review of Psycho-Analysis*, 18; 229.
北山 修『精神分析理論と臨床』誠信書房、二〇〇一年
北山 修『幻滅論』みすず書房、二〇〇一年
北山 修「心の物語の紡ぎ方」精神神経学雑誌、一〇八巻、一八二頁、二〇〇六年
北山 修『劇的な精神分析入門』みすず書房、二〇〇七年
北山 修『覆いをとること・つくること』岩崎学術出版社、二〇〇九年

第4章

Freud, S.（1909）「強迫神経症の一症例に関する考察」（小此木啓吾訳）『フロイト著作集9』人文書院、一九八三年
Freud, S.（1955）『「ねずみ男」精神分析の記録』（北山 修監訳、高橋義人訳）人文書院、二〇〇六年
北山 修（1990）「横になることについて」『自分と居場所』岩崎学術出版社、一九九三年
Mahony, P.（1986）*Freud and the Rat Man*. New Haven: Yale University Press.

Strachey, J.（1953-66）『フロイト全著作解説』（北山 修監訳・編集）人文書院、二〇〇五年
Winnicott, D. W.（1986）『抱えることと解釈』（北山 修監訳）岩崎学術出版社、一九八九年

第5章

Breuer, J. & Freud, S.（1893–1895）*Studien über Hysterie.* Frankfurt am Main: S. Fisher Verlag, 2007.
Fairbairn, W. R. D.（1952）『人格の精神分析学』（山口泰司訳）講談社学術文庫、一九九五年
北山 修『見るなの禁止』岩崎学術出版社、一九九三年
北山 修『幻滅論　増補版』みすず書房、二〇一二年
北山 修（2005）「普通が分かるということ」『劇的な精神分析入門』みすず書房、二〇〇七年
北山 修『覆いをとること・つくること』岩崎学術出版社、二〇〇九年
古澤平作（1932）「罪悪意識の二種」『阿闍世コンプレックス』（小此木・北山編）創元社、二〇〇一年
Winnicott, D. W.（1964）*The Child, the Family and the Outside World.* London: Penguin.

第6章

Kitayama, O.（2010）*Prohibition of Don't Look.* Tokyo: Iwasaki Gakujutsu Shuppansha.
北山 修『覆いをとること・つくること』岩崎学術出版社、二〇〇九年
北山 修（2010）「フロイトとの土居健郎の『格闘』」『フロイトと日本人』（北山 修・編著）岩崎学術出版社、二〇一一年

北山 修（編著）『フロイトと日本人』岩崎学術出版社、二〇一一年
Spence, D. P. (1982) *Narrative Truth and Historical Truth*. New York: Norton.

第7章

北山 修「同性愛的な強迫観念をもった女性症例」季刊精神療法、六巻二号、一九八〇年、あるいは『悲劇の発生論（増補新装版）』金剛出版、一九九七年
北山 修『心の消化と排出——文字通りの体験が比喩になる過程』創元社、一九八八年
北山 修『覆いをとること・つくること』岩崎学術出版社、二〇〇九年

第8章

北山 修『見るなの禁止』岩崎学術出版社、一九九三年
北山 修（編著）『共視論』講談社、二〇〇五年
北山 修『幻滅論 増補版』みすず書房、二〇一二年
Klein, M. (1926)「早期分析の心理学的原則」『メラニー・クライン著作集1・子どもの心的発達』（西園昌久・牛島定信編訳）誠信書房、一九八三年
古澤平作（1934）「罪悪感の二種——阿闍世コンプレックス」精神分析研究、一巻一号、一九五四年
蓮實重彦『監督小津安二郎』筑摩書房、一九八三年
馬場禮子：パーソナル・コミュニケーション

Winnicott, D. W.（1986）『抱えることと解釈――精神分析治療の記録』（北山 修監訳、渡辺智英夫ら訳）岩崎学術出版社、一九八九年

第9章

安西水丸『平成版 普通の人』朝日出版社、二〇〇〇年
Bion, W. R.（1962）「経験から学ぶ」『精神分析の方法Ⅰ――セブン・サーヴァンツ』（福本 修訳）法政大学出版局、一九九九年
Fairbairn, W. R. D.（1952）『人格の精神分析学』（山口泰司訳）講談社学術文庫、一九九五年
北山 修『心の消化と排出――文字通りの体験が比喩になる過程』創元社、一九八八年
北山 修（編）『日常臨床語辞典』イマーゴ、8月臨時増刊、一九九二年
北山 修（2005）「普通が分かるということ」『劇的な精神分析入門』みすず書房、二〇〇七年
北山 修『覆いをとること・つくること』岩崎学術出版社、二〇〇九年
Kohut, H.（1971）『自己の分析』（水野信義・笠原 嘉監訳）みすず書房、一九九四年
Kris, E.（1952）『芸術の精神分析的研究』（馬場禮子訳）岩崎学術出版社、一九七六年
小谷英文「武蔵はひきこもりであった」小谷英文教授退任記念講演（日本青年館）、二〇一三年三月二四日
中井久夫「分裂病者における『焦慮』と『余裕』」『中井久雄著作集2・治療』岩崎学術出版社、一九八五年
藤山直樹『精神分析という営み』岩崎学術出版社、二〇〇三年
Winnicott, D. W.（1987）『赤ん坊と母親』（成田善弘・根本真弓訳）岩崎学術出版社、一九九三年

若林ふみ子『「ゆるす」の周辺』新生出版、二〇〇五年
鷲田清一『普通をだれも教えてくれない』潮出版社、一九九八年

第10章

Freud, S.（1912）「分析医に対する分析治療上の注意」（小此木啓吾訳）『フロイト著作集9』人文書院、一九八三年
Freud, S.（1960）*The Letters of Sigmund Freud.* New York: Basic Books.
Leach, E.（1976）*Culture and Communication.* Cambridge University Press.
前田重治『「芸」に学ぶ心理面接法』誠信書房、一九九九年
Winnicott, D. W.（1944）「児童期の眼科的な精神神経症」『小児医学から精神分析へ』（北山 修監訳）岩崎学術出版社、二〇〇五年

初出一覧

◆第1章

西園昌久（監修）『現代フロイト読本2』（みすず書房、二〇〇八年）所収、「『無気味なもの』――フロイトは何を見たのか」。

◆第2章

日本精神分析学会大会における教育研修セミナー「幻滅と脱錯覚」（平成一一年一〇月九日）の原稿を元に、最近の考えを盛り込んで完成した。

◆第3章

以下の論文をベースに加筆修正した。北山 修「日本語と精神療法――特に『矛盾』の取り扱いを巡って」精神神経学雑誌、一〇八巻一二号、二〇〇六年

◆第4章

第一〇二回日本精神神経学会総会における教育講演「精神科医のための精神分析――想像と想像力」二〇〇六年

◆第5章

これは日本精神分析学会第五七回大会における学会賞（古澤賞）受賞講演である。初出は、「対象の表と裏、

そして普通でいること」精神分析研究、五六巻三号、二三二-二四四頁、二〇一二年。

◆第6章

二〇一二年一一月九日、日本精神分析学会第五八回大会における教育研修委員会主催の「精神分析をどう学ぶか」で発表された。初出は、「未来から学ぶ――精神分析的精神療法」精神分析研究、五七巻二号、一一〇-一一六頁、二〇一三年。

◆第7章

前半は、二〇一三年一月一三日広島にて開催の日本学校メンタルヘルス学会第一六回大会記念講演「日本文化とこころの成長――人生の表と裏」を踏まえて加筆修正したものである。教育研修症例のコメントは、以下の形で発表された。本書には掲載されていないが、研修症例の提示者に感謝する。

「心の未消化物と『吐き気』」精神分析研究、五五巻四号、四二四-四二五頁、二〇一一年

「裏切りにおける『醜い』対象」精神分析研究、五七巻二号、一九五-一九七頁、二〇一三年

「誤解されやすい関係」精神分析研究、五七巻二号、一七九-一八〇頁、二〇一三年

◆第8章

二〇一三年一月一三日広島にて開催の日本学校メンタルヘルス学会第一六回大会記念講演「日本文化とこころの成長――人生の表と裏」を踏まえて加筆修正したものである。

◆第9章

前半は『劇的な精神分析入門』の第四章「普通がわかるということ」をベースにし大幅に修正して仕上げた。後半は、二〇一三年五月一八日別府にて開催の第七八回日本温泉気候物理医学会総会における市民公開講座

「帰れないヨッパライたちへ」（きたやまおさむ）にて発表された。

◆第10章

二〇一二年八月三一日東京にて開催の「出版を仲間で祝う会」にて発表したものを加筆修正した。

二四一頁のイラスト・写真のクレジットは次の通り。

右上／砂山恵美子、右中／ｍｉｈｏ、右下／株式会社Ｄｏｎ Ｄｏｎ ｕｐのＨＰより、左上／*The Aesop for Children.* Illustrated by Milo Winter. Rand McNally & Co. より、左中／中村陽吉『心理学者が亀に恋した理由』（毎日新聞社）より、左下／砂山恵美子

1　精神分析の理論／2　対象関係論の展望／3 フロイトの症例「ドラ」から学ぶ／4　フロイトと「鼠男」について／5　言葉と夢の関係／6　身体と言葉：「からだの声に耳を傾ける」／7　自分の生成と過去：「抱えること」と「本当の自分」／8　神経症／9「性格的困難」のための覚え書き／10　思春期の危機／11　精神療法の実際／12　言語活動としての診療，そして人生物語の紡ぎ出し／13「見立て」のために／14 言語的理解：複数の糸を織り込んで／15　治療の場：開業精神療法の視点から／16　臨床心理学者の医学的理解について／17　ナルシスの体験／18　精神療法と倫理／19　精神分析の論文と書き方

著者紹介

北山　修（きたやま おさむ）

1946年，淡路島に生まれる。1972年，京都府立医科大学卒業。札幌医科大学内科研修生を経て，ロンドンのモーズレイ病院およびロンドン大学精神医学研究所で卒後研修。帰国後，北山医院（現南青山心理相談室）院長。1991年より九州大学教育学部カウンセリング講座助教授，1994年同教授。2000年より2010年まで九州大学大学院人間環境学研究院教授。日本精神分析学会元会長。現在，九州大学名誉教授，白鴎大学副学長，国際基督教大学客員教授。国際精神分析協会正会員。専門は精神分析学。

主な著書

『錯覚と脱錯覚——ウィニコットの臨床感覚』岩崎学術出版社　1985
『心の消化と排出——文字通りの体験が比喩になる過程』創元社　1988
『精神分析理論と臨床』誠信書房　2001
『劇的な精神分析入門』みすず書房　2007
『覆いをとること・つくること』岩崎学術出版社　2009
『意味としての心——「私」の精神分析用語辞典』みすず書房　2014

主な訳書

D. W. ウィニコット『抱えることと解釈』岩崎学術出版社　1989
P. J. マホーニィ『フロイトの書き方』誠信書房　1996
S. フロイト『「ねずみ男」精神分析の記録』人文書院　2006

評価《ひょうか》の分《わ》かれるところに——「私《わたし》」の精神分析的精神療法《せいしんぶんせきてきせいしんりょうほう》

2013年8月25日　第1刷発行
2014年4月15日　第2刷発行

著　者　北　山　　修
発行者　柴　田　敏　樹

発行所　株式会社　誠　信　書　房
〒112-0012　東京都文京区大塚3-20-6
電話　03(3946)5666
http://www.seishinshobo.co.jp/

印刷所／創栄図書印刷　製本所／協栄製本
検印省略　落丁・乱丁本はお取り替えいたします
ISBN 978-4-414-40374-9 C3011　Printed in Japan

人名索引

アイゼンク，H.　*47*
安西水丸　*205*
ウィニコット，D.W.　*iv, 32, 42, 46, 128, 135, 184, 204, 219, 234, 235, 240*
上村松園　*184*
小此木啓吾　*13, 210*
小津安二郎　*185*

カンツァー，M.　*25, 26*
喜多川歌麿　*181, 184*
ギルマン，S.L.　*36*
クライン，M.　*iv, 13, 41, 191*
ゲイ，P.　*21, 35*
古澤平作　*85, 187, 188, 210, 245*
小谷英文　*224*
コフート，H.　*215*

シーガル，H.　*47*
シクスー，H.　*7*
シュニッツラー，A.　*20*
ジョーンズ，E.　*24*
シーレ，E.　*71*
ストレイチー，J.　*80, 235*
スペンス，D.P.　*141*
諏訪 望　*13*

ダグラス，M.　*238*
ターナー，V.　*238*

中井久夫　*210*

蓮實重彦　*185*
ビオン，W.R.　*iv, 46, 160, 219*
フェアバーン，W.R.D.　*68, 128*
フェレンツィ，S.　*24*
藤山直樹　*210*
フリース，W.　*23, 24*
フロイト，アレキサンダー　*26*
フロイト，アンナ　*47, 88*
フロイト，S.　*iii, iv, 3, 4, 5, 6, 7, 12, 13, 14, 16, 17, 19, 20, 21, 22, 23, 24, 25, 26, 27, 28, 29, 30, 31, 32, 33, 34, 35, 36, 37, 43, 47, 49, 59, 60, 80, 81, 82, 83, 84, 85, 86, 87, 88, 99, 133, 167, 176, 177, 188, 198, 208, 231, 234, 235, 242, 244*
ベイトソン，G.　*68*
ベッテルハイム，B.　*27*
ホフマン，E.T.A.　*8, 9*

前田重治　*243, 244*
マホーニィ，P.　*7, 83*
マン，T.　*20*
宮本武蔵　*224*
村上春樹　*206*
村上 龍　*202*

山崎正和　*29*
ユング，C.G.　*24, 36*

リーチ，E.　*238*
レイン，R.D.　*47*
ロラン，R.　*21, 22, 26, 30*

若林ふみ子　*210*
鷲田清一　*200*

事項索引

ア　行

「〈愛情生活の心理学〉への諸寄与」　*21*
愛憎葛藤　*81*
間　*142*
曖昧　*50, 51, 54, 61, 62, 64*
あきらめ　*197, 201, 207, 217*
　——半分　*208*
アクティング・イン　*114, 172*
阿闍世　*133, 134, 187, 188, 192, 199*
　——コンプレックス　*133, 134, 168, 186, 188*
遊び　*179*
アニミズム　*11, 18*
甘え　*12, 170, 171, 179, 188, 215, 225*
アマテラス　*45*
あやしい（怪しい・妖しい）　*36, 37, 49, 179, 248*
あやしさ　*33, 39, 44, 45, 46, 48, 68, 203*
ありがたい　*145*
『ある幻想の未来』　*30*
あれかこれか　*iii, 27, 64, 185, 238*
あれもこれも　*iii, 64, 238*
アンビヴァレンス　*iv, 42, 46, 61, 171, 188*
アンビヴァレント　*128, 203*
いい加減　*203, 221*
怒り　*187, 188*
生き方　*29*
生き残り（生き残る）　*46, 65, 114, 134*
いく　*221*
いけない　*221*
意見の分かれるところ　*52*
移行　*167, 172, 222, 237, 243*
移行対象　*42*
潔さ（潔い）　*183, 193*
イザナキ　*38, 132, 133, 134, 192*
イザナミ　*38, 66, 132, 133, 134, 192, 200*
意識化　*53, 59*
依存　*12, 185, 221*
イダイケ　*134*
痛み　*151, 216*
一時的退行　→退行
一貫性　*171*
一体化　*40, 63, 64*
偽りの自己　*240*
イド（エス＝それ）　*184*
今ここ　*60, 155*
イマジナリー・コンパニオン　*233*
意味　*203, 215, 218*
癒し　*45, 216*
異類婚姻説話　*192, 194, 227*
いること　*46, 63, 219*
因果関係　*132, 155*
陰性治療反応　*59*
浮世絵　*180, 235*
受け皿　*86, 88*
兎と亀　*227, 230, 233, 238, 240, 242*
胡散臭さ　*48*
後ろでつるむ　*149*
後ろのつながり　*182, 185, 186*
うつ　*90, 143*
美しい自然　*219*
裏（うら）　*77, 149, 151, 152, 154, 183, 188, 195, 196, 200*
　——の仕事　*142*
　——のつながり　*182*

裏表（ウラオモテ）　181, 199
裏切り　38, 103, 106, 133, 152, 155, 156, 161, 162, 163, 168, 169, 186, 187, 188, 189
裏腹　129, 162, 168, 183, 227
上滑り　62, 136
絵　57
描かれた過去　180
えぐいこと　120, 128, 157
エディプス　131, 132, 134, 176, 199
エディプス・コンプレックス　81, 176, 177, 178, 179, 191
『エディプス王』　177
エディプス神話　96
A＋B　iii
M音　208
置いておける　163
覆い　142, 186, 224
――をつくる治療　224
――をとる治療　224
『覆いをとること・つくること』　63, 136, 151, 152, 223
おかし　45, 204
おかしい　13, 248
置き換え　52
置き場所　88
おぞましい（おぞましさ）　146, 150, 158, 168, 172
弟　23, 25
オペラ座の怪人　154, 203
面白い　45
表　154, 182, 188, 195, 199
表裏　98, 151, 152, 153, 156, 161
表と裏　183, 186
親心　149, 177
親父　151
折り合い　64
恩返し　193, 194
音楽　21, 22, 57, 232

カ　行

「快感原則の彼岸」　15
開業　89
解釈　13, 33, 45, 46, 53, 92, 116, 163, 167, 170
外傷　15, 38, 39, 56, 101, 150, 152, 153, 161, 162, 175, 186, 192
外的現実　11
カウチ　75, 78, 79, 80, 94, 104, 142, 143
『帰ってきたヨッパライ』　178, 246
『帰れないヨッパライたちへ』　238
抱える環境　217, 240
抱えること　60, 63, 185
科学　4, 14, 19, 22, 26, 27, 33, 35, 45, 47, 49, 77, 91, 209
書き方　ii, 29
書き言葉　51, 64
書き直し　26
書くことによる治癒　29
過食嘔吐　100
方（カタ）　i
語り直し　29, 57, 175
葛藤　4, 20, 21, 27, 28, 81, 150, 156, 200, 203
葛藤回避　64
可能性空間　iv, 42
神なきユダヤ人　31
体　209
川の字文化　189
考え方　i
考え直し　57, 175
考える（考えること）　57, 217
環境　219
――としての母親　184
感謝　141, 221
間接話法　84
感動　179

観念の模倣　*6*
起源　*56, 57*
起承転結　*65, 66*
北風と太陽　*59*
汚い　*36, 37, 38, 86, 98, 99, 160, 161, 169, 170, 172*
汚い転移　*88*
汚さ　*162, 170*
機知　*5, 37*
気づき　*78*
きづな　*43*
逆説（パラドックス）　*12, 98, 206, 224*
虐待　*115*
逆転移　*65, 93, 166, 168, 172*
教育分析　*90*
境界　*223*
境界パーソナリティ障害　*68, 156*
境界例　*53*
共感　*60*
共視　*183, 185*
競争　*191*
境地　*197*
共同注視　*43, 97*
強迫　*7, 202, 230, 235*
強迫障害　*54*
強迫神経症　*11, 53, 68*
「強迫神経症の一症例に関する考察」　*81*
恐怖症　*53*
虚実皮膜　*93*
去勢　*40, 43*
去勢コンプレックス　*13*
距離をとる仕かけ　*110, 224*
義理　*63, 183*
記録　*80, 83, 85, 88, 89*
禁止　*220*
近親姦　*132, 177*
　——のタブー　*40, 96, 133, 194*
空想　*60, 91, 93*
クリエイティビティ　→創造性
訓練分析　*77, 90, 92*
形式　*7*
芸術　*4, 20, 24, 26, 32*
芸術家　*196*
劇化　*26*
劇的観点　*15*
『劇的な精神分析入門』　*67, 218, 227, 229*
結晶化　*85*
嫌悪感　*64, 150, 172*
言語　*51, 62, 182, 183, 220*
原光景　*40, 97, 133, 188*
言語化　*50, 51, 52, 53, 54, 56, 59, 61, 63, 67, 159, 163*
現実検討　*18, 32*
献身的育児　*198*
幻想　*30, 33, 34, 40, 56, 60*
ケンタウルス　*247*
原母　*194*
幻滅　*31, 38, 39, 42, 44, 46, 48, 49, 91, 92, 93, 97, 103, 115, 133, 150, 153, 156, 161, 162, 169, 186, 187, 188, 192, 193, 216, 227*
幻滅させる者　*39, 41, 44, 45*
『幻滅と別れ話だけで終わらないライフストーリーの紡ぎ方』　*238*
口唇期　*223*
交替人格　*240*
行動化　*114, 125, 163, 172*
肛門期　*223*
国語発想論的解釈　*12*
ここだけの話　*158*
『心の消化と排出』　*159, 199*
心の台本　*16, 56, 151, 175*
個人分析　*90*
固着点　*108*
言葉　*50, 51, 52, 53, 55, 56, 57, 58, 85, 93, 136, 137, 144, 163, 179, 188, 198, 209, 222, 232*
言葉遊び　*209*

こなす　*151, 152, 160*
こなすこと（こなし）　*47, 134*
『コブのない駱駝』　*233*
語呂連想　*137*
コンテイン　*46*
混沌　*52*

サ　行

罪悪感　*5, 59, 82, 100, 139, 153, 171, 193, 194, 210, 221*
再生　*219*
些細なこと　*144, 145*
支えること　*63*
殺意　*187*
錯覚　*30, 32, 43, 216, 218*
『錯覚と脱錯覚』　*iv*
差別　*35, 37*
さめる（冷める）　*179, 216, 217, 230*
三角関係　*22, 23, 32, 41, 81, 82, 102, 116, 125, 149, 150, 165, 176, 177, 178, 179, 180, 188, 191, 192*
産褥　*194*
自我　*4, 59, 141*
　——のための部分的退行　*217*
自我境界　*142, 223*
自我支持　*138*
仕方（が）ない　*201, 207*
時間　*38, 40, 41, 44, 64, 133, 134, 139, 141, 143, 146, 149, 156, 200, 207, 216, 221*
　——がくれば破られるタブー　*194, 199*
自虐　*140, 193*
自虐的世話役　*193, 227*
自己愛　*11, 104, 215*
自己愛パーソナリティ障害　*53*
思考　*208*
　——の万能　*11, 18, 207*
自己実現　*198*
自己分析　*23, 26, 180*
自殺　*55, 99, 104, 109, 114, 120, 125*
詩人　*22*
静けさ　*219*
自然　*38, 197, 198, 199, 200, 201, 202, 204, 210, 217, 219, 221, 228, 230, 246*
　——な演技　*201*
　——な自己　*199, 221*
　——な自分　*219*
自然治癒　*68, 139, 216, 217, 218*
自然破壊　*218*
シゾイド　*202*
自尊心　*144*
嫉妬　*4, 24, 28, 62, 105, 116, 121, 125, 149*
疾病利得　*231*
詩的現実　*14*
死の本能　*15*
死の欲動　*32*
社交恐怖　*78*
自由　*220*
醜悪　*192, 196*
宗教　*30, 91, 208*
終結　*122, 139, 141, 146, 162, 164*
終結期　*121*
修飾　*141*
修正感情体験　*166*
自由連想　*67, 91, 104, 127, 142, 143, 210, 220*
自由連想法　*67, 75, 79, 93, 94, 95*
主観　*76*
出産　*194*
授乳　*221*
『シュレーバー回想録』　*36*
春画　*192*
純粋　*129*
昇華　*28*
消化　*34, 150, 154, 160, 163, 199*
情緒的交流　*63, 182, 183*

情緒的接触　*182*
神経質　*221, 239, 240*
神経症　*156, 177*
真実　*35, 57, 96, 132, 155, 177, 178, 186*
人生物語　*56, 57*
深層心理学　*211, 225*
深層心理学者　*209*
身体的交流　*63, 182, 183*
身体的接触　*182*
死んだ母親　*71*
心的現実　*11*
心的装置　*232*
神話　*66, 176, 177, 178, 180, 192, 235*
好き嫌い　*158*
『砂男』　*9, 16*
素の自分　*218, 229, 237*
スフィンクス　*44, 96, 131, 176, 177, 237, 247*
性　*113, 118, 140, 158, 161, 162, 166, 167, 189, 199*
性愛　*113, 165, 166, 169*
生活史　*56*
性器　*157, 223*
清潔　*170, 171, 172*
成功によって破滅する人びと　*25*
精神病的　*137*
精神分析家　*i, 21, 33, 92, 198, 209, 243*
精神分析的精神療法　*iii, 128, 130, 131, 147*
責任　*132, 155, 165*
セックス　*116, 118, 119, 150, 153, 167, 170, 223*
摂食障害　*101*
絶対の依存　*198*
設定　*78, 79*
全体（的）対象　*41, 172*
羨望　*20, 28, 62*
「操作・反復・徹底操作」　*15*
喪失　*210*
創造　*26, 28*
想像　*76, 77, 79, 91, 93, 95, 144, 146*
――にまかせる（まかせて）　*86, 90, 92, 93*
創造性　*217, 229, 230, 245*
想像的把握　*77*
「続精神分析入門」　*232*

タ　行

退行　*10, 79, 105, 216, 217, 220, 221*
退行促進治療　*217*
第三項　*40, 41*
第三者　*28, 162*
対象関係　*15, 38, 41, 42, 60, 68, 172*
対象希求性　*45*
対象喪失　*94*
対象としての母親　*184*
体得　*205*
対面法　*93, 94, 147*
大洋感情　*22, 31, 208*
多義性　*12*
多重　*176, 188*
脱曖昧化　*54*
脱錯覚　*38, 39, 44, 217*
建前　*63, 64, 183*
ターニングポイント　*207*
楽しみ　*14*
タブー　*223*
ダブルバインド　*ii, 40, 67, 68*
食べ吐き　*144*
多面　*97, 176*
男根期　*223*
断念　*205*
チ　*209*
血　*209*
父　*23, 40, 66, 81, 91, 109, 154, 165, 177, 179, 180, 187, 188, 189, 190, 191, 194, 209*

父殺し　*132*
乳房（乳）　*43, 209*
治癒　*68*
中央　*i, iii*
中間　*iii, 27, 42, 49, 172, 222, 223, 229, 230, 242*
中間領域　*iv, 43, 156, 248*
中断　*242*
中途半端　*220, 228, 229, 237*
中立　*230, 242*
中立性　*ii, 36, 55, 58, 85*
調子にのること　*221*
重複　*14, 19*
重複領域　*14, 87, 89, 90, 223*
治療関係　*195*
治療構造　*85, 104, 127, 168*
治療的退行　*216*
治療分析　*90*
つう　*44, 46, 65, 66, 67, 69, 132, 133, 134, 153, 193, 195, 200, 227*
使い分け　*63, 64, 149, 154, 190, 191, 192*
つながり　*43, 166, 182, 187, 188*
鶴女房　*237*
『鶴の恩返し』　*192, 194*
交尾み（つるみ・つるむ）　*44, 189*
抵抗　*50, 53, 58, 59, 60, 61, 62, 78, 79, 108, 127, 166, 167*
抵抗分析　*59*
適応的自己　*199*
適当　*203*
転移　*15, 56, 59, 60, 86, 88, 93, 166, 167*
トイレット・トレーニング　*40*
同一化　*84, 193, 194*
投影　*14, 33, 38, 49*
投影同一化　*13, 14, 68*
同音異義語　*233*
統合失調症　*54, 68, 155*
倒錯　*157*
洞察　*78*
同性愛　*157*
動揺　*iii, 21, 24, 25, 26, 76, 146, 178, 193, 206, 207*
兎角亀毛　*229, 237, 242*
解き　*134*
どっちつかず　*229, 230*
ドッペルゲンゲル　*17, 21*
『ドッペルゲンゲル』　*10*
ドラ　*167*
トラウマ　*199*
トレーニング　*58*

ナ　行

内省　*58*
内容　*7*
中身　*186*
名付けること　*51*
名前　*54*
ナルシスト　*202*
慣れ　*95, 134, 152, 158*
憎しみ　*202*
二者間「外」交流　*182, 184*
二者関係　*32, 38, 42, 43, 149*
二者間「内」（――交流）　*182, 184*
二者言語　*28*
二重　*58, 63, 182, 191*
――の交流　*153, 182, 183, 186, 190*
二重視　*iv, 101, 116, 156, 184, 224, 233, 237, 238*
二重性　*iii, 8, 27, 63, 71, 97, 130, 150, 153, 155, 156, 161, 182, 183, 184, 185, 186, 187, 188, 189, 190, 192, 193, 195, 199, 200, 203, 220, 222, 227, 248*
二重身　→ドッペルゲンゲル
二分法　*18, 32, 65, 139, 172, 204, 223, 228, 229, 233, 242*
日本語　*iv, 37, 61, 62, 69, 71, 95, 162, 209*
日本語臨床　*v, 71*

二面性　41, 96, 97, 133, 151, 152, 162, 171, 177, 180, 187, 205, 233
二律背反　63
人魚　237
人間臭い　195
人情　63, 183
鵺　157, 237, 247
鼠男（ねずみ男）　33, 59, 60, 80, 81, 82
のぼせ　221
飲み込めない　161

ハ　行

排除　54, 55, 149
排泄　160, 171
排他的幻想　41
はかなさ　44, 193
吐き気（嫌悪感）　150, 160, 162, 172
剝奪　210
捌け口　88
橋（橋かけ）　ii, 224
恥　60, 63, 65, 106, 200
橋渡し　ii, 42, 137
パーソナリティ障害　68
発達理論　175
発話させる力　68, 85
話し言葉　51, 64
母　42, 66, 81, 101, 102, 109, 110, 111, 131, 132, 133, 151, 152, 154, 177, 187, 188, 189, 190, 191, 192, 193, 199
パラドックス　→逆説
晴れ　230
万能　11
反復　56, 91, 176, 177, 184, 186
反復強迫　5, 11, 15, 19
美学　7, 183
引き裂かれない　65
悲劇　150, 175, 176, 177, 196, 199
非言語（——的交流）　50, 62, 63, 182
ヒステリー　98, 127, 166
非対面（——法）　87, 91, 94
皮膚　223, 224
秘密　155, 158
比喩（メタファー）　8, 52, 109, 110, 127, 144, 199, 210, 224, 243
評価が（の）分かれる　i, 41, 42, 49, 90
評価の分かれるところ　iii, 46, 69, 158, 238, 248
不気味なもの　8, 11, 16, 17, 18, 28, 45, 98, 133
「不気味なもの」　3, 5
不器用　i, 201, 206, 224, 237
複眼の視点　iv
複雑　68
複視　101, 237
不潔　150
不自然　198, 200, 201, 204, 219, 220, 246
不純　85, 98, 129, 171
二股　14, 27, 64, 129, 181, 203, 224
蓋をする治療　54
蓋をつくる治療　54
蓋をとる治療　54, 59, 60
普通　98, 117, 118, 120, 128, 129, 200, 201, 202, 203, 204, 206, 207, 209, 210, 219, 229
——の献身的なお母さん　128
不動心　iii
部分対象　41, 172
ぶれ　i, iii, 13, 45, 46, 50, 51, 55, 68, 201, 203, 204, 206, 207, 215, 233
触れる　222
ぶれる　52, 64, 69, 203, 224, 248
『フロイトと日本人』　131
プロクルステスのベッド　62
文化　31, 32, 51, 157, 180, 182, 183, 195
文学　14, 18, 19, 20, 26, 27, 28, 30, 45
『文化への不満』　31
分身　6, 14, 16, 20, 22, 26

「分析医に対する分析治療上の注意」 244
文法 53
分類診断 67
分裂 41, 68, 155, 240
平凡 203
ペニス 157
『ベニスの商人』 37
弁証法 iii, 55, 248
防衛 13, 59, 64, 139
包容力 88, 240
保護 221
母子関係 40, 176, 181, 193, 195
保存的 137
ボーダーライン心性 202
ほど良い 201, 202
——母親 43
ぼやけたところ 55
本当の自己 219
本音 63, 64, 183

マ 行

交わり 183, 221
まどろみ 219, 237
見えないこと 147
「ミケランジェロのモーゼ像」 21
未熟さ 198
未消化 88, 171
未消化物 154, 158, 161, 162
見立て 54, 162, 165, 181, 183
見通し 138
醜い 33, 36, 37, 42, 65, 99, 128, 156, 169, 170, 172, 200
見にくい 33, 99, 155, 177, 183, 186, 200
見にくいもの 137, 146, 178, 238
醜い私 169
醜さ（見にくさ） 133, 153, 154, 170, 188, 192, 193
見やすく 196
未来 136, 138, 139, 147
見るなの禁止 44, 69, 97, 133, 149, 150, 192, 193, 194, 199, 227, 238, 243
無意識 53, 59, 175, 179, 209
無意識的幻想 41
昔話 109, 177, 178, 180, 227, 246
無時間 143
矛盾 35, 50, 51, 55, 58, 64, 65, 67, 68, 85, 151, 155, 161, 169, 171, 186, 187, 201, 204
無神論者 35
明確化 54, 62, 64
メタファー →比喩
目を瞑る 230, 232, 245
妄想分裂ポジション iv, 41, 172
モーズレイ病院 47
もの思い 219
物語 56, 57, 177, 179, 180
——としての真実 141
もののあはれ 43

ヤ 行

やさしい 222
やり直し 26
「ゆ」 79, 208, 209, 211, 215, 216, 217, 218, 219, 220, 221, 225
「ゆう」 212, 215
有機的 159
遊戯療法 210
『夕鶴』 44, 65, 133, 150, 192, 193
誘惑 49
ユダヤ人 27, 34, 35, 36, 37, 84
ゆっくり 146
ゆとり 210, 218
夢 106, 117, 118, 119, 120, 124
夢うつつ 229
『夢判断』 14

夢分析　*210*
ゆゆしき　*215*
揺らぎ　*i, 210, 224*
許され　*208, 210, 217*
許され型罪悪感　*134*
ゆるし（赦し）　*134, 216*
ゆるみ（ゆるむ）　*207, 216*
揺れ　*i, iii, 146, 206, 221, 229, 248*
良い対象　*128, 172*
良い乳房　*41, 128*
ヨーカスタ　*131, 134*
抑圧　*11, 18, 53, 75, 217*
抑うつポジション　*41, 42, 172*
横のつながり　*182, 185, 186*
よたよた　*206, 207*
与ひょう　*66, 67, 69, 132, 133, 134, 153, 193, 227*
よゆう　*210*

ラ　行

楽観　*216*
ラットマン　→鼠男
ラベリング　*51*
理想化　*38, 39, 41, 45, 46, 91, 93, 115, 151, 153, 185, 189, 200, 216, 217*
リフレクション　*58, 115*
両眼視　*101, 237*
両義性（——的な意味）　*32, 45, 51, 145*
料金　*85*
両面　*iii, 42, 49, 203, 230*
旅行恐怖症　*26*
旅行不安　*5, 24*
歴史としての真実　*141*
reverie　*219*

ワ　行

和　*149, 185, 188, 192*
我がまま　*220*
わからない（分からない）　*98, 155, 201, 202, 206, 207, 238*
分かりにくさ　*188*
わかる（分かる）　*54, 98, 205, 206*
私（わたし）　*i, ii, iii, 4, 7, 14, 29, 43, 46, 55, 57, 59, 63, 64, 84, 88, 127, 154, 155, 179, 185, 215, 219, 222, 228, 229, 230, 242*
私は私　*229, 237*
笑い　*156, 157, 192*
割り切れない（割り切れなさ）　*150, 158, 161, 188*
悪い対象　*172*
悪い乳房　*41*